CATALOGUE

D'ESTAMPES

ANCIENNES ET MODERNES

PAR ET D'APRÈS DES PEINTRES ET PAR DES GRAVEURS

des Écoles Allemande, Flamande et Hollandaise,

DE

PORTRAITS ET SUJETS

GRAVÉS EN MANIÈRE NOIRE D'APRÈS DES PEINTRES ET PAR DES GRAVEURS

DE L'ÉCOLE ANGLAISE

ET DE

DESSINS

PAR DES MAITRES DE CES MÊMES ÉCOLES

PROVENANT DE LA COLLECTION DE M. P. D.

QUATRIÈME PARTIE

DONT LA VENTE AUX ENCHÈRES PUBLIQUES AURA LIEU

HOTEL DES VENTES

RUE DROUOT, 2, SALLE N° 3

Les 7, 8 et 9 Novembre 1859, à une heure,

Par le ministère de Me **DELBERGUE-CORMONT**, Cre-Priseur,
rue de Provence, 8,

Assisté de M. **CLEMENT**, marchand d'Estampes,
rue dés Saints-Pères, 3,

Chez lesquels se distribue le présent Catalogue.

EXPOSITION PUBLIQUE

Le Dimanche 6 Novembre 1859, de une heure à quatre heures.

PARIS

RENOU ET MAULDE

IMPRIMEURS DE LA COMPAGNIE DES COMMISSAIRES-PRISEURS
rue de Rivoli, 144.

1859

CATALOGUE

D'ESTAMPES

ANCIENNES ET MODERNES

PAR ET D'APRÈS DES PEINTRES ET PAR DES GRAVEURS

des Écoles Allemande, Flamande et Hollandaise,

DE

PORTRAITS ET SUJETS

GRAVÉS EN MANIÈRE NOIRE D'APRÈS DES PEINTRES ET PAR DES GRAVEURS

DE L'ÉCOLE ANGLAISE

ET DE

DESSINS

PAR DES MAITRES DE CES MÊMES ÉCOLES

PROVENANT DE LA COLLECTION DE M. P. D.

QUATRIÈME PARTIE

DONT LA VENTE AUX ENCHÈRES PUBLIQUES AURA LIEU

HOTEL DES VENTES

RUE DROUOT, 2, SALLE N° 3

Les 7, 8 et 9 Novembre 1859, à une heure,

Par le ministère de Me DELBERGUE-CORMONT, C^{re}-Priseur,
rue de Provence, 8,

Assisté de M. CLEMENT, marchand d'Estampes,
rue des Saints-Pères, 3,

Chez lesquels se distribue le présent Catalogue.

EXPOSITION PUBLIQUE

Le Dimanche 6 Novembre 1859, de une heure à quatre heures.

1859

ORDRE DES VACATIONS

Première Vacation. — *Le 7 Novembre 1859.*

École Allemande...... 1 à 234 *ter*

Deuxième Vacation. — *Le 8 Novembre.*

École Anglaise............... 262 à 482
Dessins de l'École Allemande 235 à 261

Troisième Vacation. — *Le 9 Novembre.*

École Flamande et Hollandaise........................ 483 à 690
Dessins........................ 691 à 708

Sous presse :

CATALOGUE DE LA 5e PARTIE

ESTAMPES ET DESSINS

DES ÉCOLES ITALIENNE ET FRANÇAISE.

DÉSIGNATION

DES ESTAMPES

PREMIÈRE PARTIE

Estampes par des Peintres et Graveurs de l'École Allemande.

1. **Anonyme allemand**, xvᵉ siècle. Sainte Véronique. Le Couronnement de la Vierge. *Strixner del.* Tableaux du Musée de Munich. Deux pièces.
2. — Un Repas dans un jardin. Pièce anonyme gravée à l'eau-forte, costumes du xvıᵉ siècle. Rare.
3. — Petits maîtres à monogrammes. Vingt pièces, plusieurs non décrites.
3 bis. — Petits maîtres. Quatre pièces anonymes, deux d'ornement.
4. **Aldegrever** (Henri). Adam (11). Judith (34). Travaux d'Hercule (86, 87, 88, 90, 93, 94). Les Vertus (117, 118, 119, 120, 130). Mercure (77). Diane (75). Quinze pièces.

5 — Loth et ses filles (13). Le Père sévère (73). Les Danseurs de noces (155, 159, etc.). La Fortune (143). Copie Deux Amours qui supportent un globe (208). Copie. Huit pièces.

6 — Histoire d'Adam et Ève (5). Histoire de Loth (14, 16). Histoire de Joseph (18, 20, Copie, 21). Histoire d'Ammon et Thamar (26, 27, 28). Sophonisbe (62). Le Père sévère (73). La Foi (131). Treize pièces.

7 — Les quatre Évangélistes (57 à 60).

8 — Parabole du bon Samaritain (40 à 43). Quatre pièces.

9 — Parabole du mauvais Riche (44 à 48). Copies très-trompeuse. Huit pièces.

10 — La Nuit (180). Pièce libre très-rare.

11 — Le Moine et la Religieuse (178). Pièce libre que Bartsch dit être extrêmement rare.

12 — Trois Amours qui portent un ours (31). Des enfants combattant contre des ours (262). Dessin d'un poignard, la poignée et la gaîne ciselées (259). Deux enfants nus et une tête de chérubin (217). Grotesque (281). Montant d'ornement par Alaert Claas (55). Sept pièces.

13 — Neuf pièces par Aldegrever, H. Beham, Hopfer, C. Matsys, Virgile Solis, etc.

14 **Altorfer** (Albert). Judith (1). La Vierge et l'Enfant Jésus (12). Deux épr. Hercule (27). Le Triton et la Néréide (39). Cinq pièces.

14 bis. — Saint Christophe (54). Pyrame et Thisbé (61), etc. Trois pièces en bois.

15 **Bause** (J.-F.). Savants allemands au XVIIIe siècle. Treize portraits très-bien gravés, d'après Graff et autres, de 1776 à 1798.

16 **Beham** (Hans Sebald). La Vierge assise, 1520
(18). L'Enfant prodigue (35). Saint Antoine (64).
Didon (80). Trajan (82). La Dialectique (122). Les
Danseurs de noces (159, 169, 177, 150, Copie).
Ornements (219, 229, 231, 248). Copies des n°s 109
et 110. En tout, vingt et une pièces.

17 — Les Travaux d'Hercule (n°s 96 à 107). Judith,
Copie par J. Binck d'une estampe de Barthelemy
Beham. Treize pièces.

18 — Saint Jérôme (59). Saint Jérôme (63). Didon
(80). Danseurs de noces (159). Quatre pièces.

19 — Sujets de la Passion (88 à 91). La Vierge et
l'Enfant Jésus (121). Copie en bois de l'estampe sur
cuivre de Trajan, n° 82. Rinceau d'ornement, au
milieu duquel est une tête de chimère. Pièce mar-
quée du chiffre de Beham. Elle est non décrite par
Bartsch. Sept pièces sur bois.

20 **Bink** (Jacques). Louis Gassel, 1529 (93). Copie.
1er état.
I. B. Pièce emblématique (30). Combat des gla-
diateurs (21).

20 bis. — Les Dieux de la Fable, suite de vingt pièces. A la première, représentant Saturne, on lit
sur une tablette : *Jacobus Binck coloniensis fecit,
1530*. (Manquent deux pièces.)

21 **Brüssel** (Van). Paysages à l'eau-forte. Vingt-
trois pièces.

22 **Bruyn** (Barthelemy). Un prélat et un seigneur
donataire en acte d'adoration ; volets d'un tripty-
que. Christ descendu de la croix. *Strixner del*.
Trois pièces. Musée de Munich.

23 — Portrait de Kolnischen Gelehrten. La Mort lui
apparaît derrière un rideau. *Strixner del*. Musée
de Munich.

24 — Saint Jean, Sainte Catherine. *Strixner del.*
Deux pièces. Musée de Munich.

25 — Martyre de Saint Etienne et Martyre d'une
sainte. *Strixner del.* Deux pièces. Musée de Munich.

26 **Calcar** (Von). Mater dolorosa. *Strixner del.* Musée de Munich.

27 **Chodowieski** (Daniel). Le roi Frédéric II visi-
tant le vieux général Ziethen. Tous les personnages sont portraits. Pièce à l'eau-forte.

27 bis. — Frédéric-Guillaume, roi de Prusse; têtes
et costumes. Six pièces, plus Frédéric II à cheval,
d'après Chodowieski, par D. Berger.

28 **Clémens** (J.-T.). Christian Frédéric, prince de
Danemarck, et Charles Bonnet. Deux portraits,
d'après Juel et Horneman. Peintre danois en 1777.
— Juste de Berger, médecin danois, 1781. Hoegh-
Guldeberg, conseiller intime du roi de Danemarck,
1782. Deux portraits supérieurement gravés. —
Combat naval.

29 **Coxie** (Michel). Sainte Barbe et Sainte Catherine.
Strixner del. Musée de Munich. Deux pièces.

30 **Cranach** (Lucas). Portrait à mi-corps d'une
jeune princesse. Lith. par Strixner. Tableau du
Musée de Munich.

31 — Divers portraits, dont ceux de Sibylle de Clèves, 1554; Jean-Frédéric II, duc de Saxe, 1595;
Charles de Condé et son fils, 1602. Quatre pièces
par divers graveurs modernes.

32 **Dietricy** (C.-E.). Descente de croix, 1742. Le
Satyre chez le paysan, 1730. Nymphes et Amours.
Trois pièces à l'eau-forte, belles épreuves avant les
numéros et avec grandes marges.

33 — Adoration des bergers. La Prédication. Divers paysages, etc. Vingt-cinq pièces, belles épreuves avant les numéros. Plus une vue de Bohème, et paysage, d'après Brandt.

34 **Durer** (Albert). Adam et Ève (1).

35 — La sainte face de Jésus-Christ, 1513 (25), plus la copie. Belles épreuves.

36 — La sainte face de Jésus, 1516 (26).

37 — Jésus-Christ expirant sur la croix (24), plus 1 copie très-belle. La Vierge à la couronne d'étoiles et au sceptre (32). La Vierge aux cheveux courts liés avec une bandelette (33). Saint Christophe portant l'Enfant Jésus (52).

38 — La Sainte Famille, gravée sur fer (43).

39 — La Sainte Famille au papillon (44). Belle épreuve, mais restaurée.

40 — Saint Antoine (58).

41 — Sainte Geneviève (63).

42 — La Sorcière (67). Le Paysan au marché (89). L'Hôtesse et le Cuisinier (84). Le Pourceau monstrueux (95). Albert de Mayence (103). Cinq pièces.

43 — L'Effet de la jalousie (73). Belle épreuve.

44 — La Grande Fortune (77). Belle épreuve.

45 — Les Hommes de guerre (88). La Dame à cheval (82).

46 — Les Offres d'amour (93). Très-belle épreuve.

47 — La même estampe.

48 — Le petit Cheval (96). Le grand Cheval (97). Deux pièces, belles épreuves.

49 — La Nativité (2). Quatre différentes copies. Trois sont du sens de l'original.

50 — Le Saint Hubert (57). Copie. Belle épreuve. Rare.

51 — Le petit Crucifix, dit le pommeau d'épée de Maximilien Ier. Copie du n° 123. Rare.

52 — Copies des n°s 1, 20, 24, 42, 58, 71, 74, 89, 90, 106, etc. Seize pièces.

53 **Durer** (D'après Albert). Saint Joseph et saint Joachim. *Strixner del.* Musée de Munich.

54 — Statue d'Albert Durer. Vierge et Enfant Jésus. Un Christ. Mise au tombeau. Un Ange. Albert de Mayence, etc. Six pièces, d'après Durer, par Sadeler, J. David, etc.

55 **Eyck** (Jean Van). Le Cardinal de Bourbon. *Strixner del.* Musée de Munich.

56 **Falck** (Jérémie). Jésus au Jardin des Oliviers, d'après le Guide, Le Blond *excudit.* Belle pièce du maître. Elle est très-rare.

56 bis. — La Vierge, l'Enfant Jésus et saint Jean, d'après J. Stella, par Falck. Belle épreuve et rare.

57 — Buste de la reine Christine de Suède. *Folck sculp. et exc.* Belle épreuve d'un portrait, rare. Il est rogné, au trait carré.

58 — Wenhtsen, pictori laudatissimo, etc. Belle épreuve.

59 — Pierre Gembicki, évêque de Cracovie. Belle épreuve.

60 — Jean Ulrich de Vallich, Morhingerts, Louis de Geer, et figure allégorique de Minerve, gravée à l'eau-forte en 1656, d'après Quellinus. Quatre pièces.

61 — Radziwil, capitaine général en Lithuanie, d'après Daniel Schultz. Belle épreuve.

62 — Mathias Lubienski, archevêque polonais, d'après Danckers. Belle épreuve.

63 — Baron de Morby, sénateur suédois, d'après Beck. *Stockholm*, 1651. Belle épreuve.

64 — Stanislas de Buzenin, évêque, d'après Danckers.
Belle épreuve.

65 — Louis de Geer, d'après D. Beck. Belle épreuve

66 — Jean Muller, pasteur et inspecteur des écoles
de Hambourg en 1656, à l'âge de cinquante ans.
Belle épreuve d'un beau portrait.

67 — La peinture couronnée. Épreuve avant la lettre.
Du Cabinet Rheinst.

68 **Freudenberg fecit**. Femmes suisses. Deux
pièces coloriées

69 **Frey** (Jacques de). Trois portraits, dont deux
d'après Rembrandt, gravés à l'eau-forte en 1779.

70 **Gessner** (Salomon). Paysages et idylles. Douze
pièces dessinées et gravées à l'eau-forte, de 1768 à
1770.
— Vue à Meyringen et autres vues de la Suisse.
Vingt-deux pièces à l'eau-forte.

71 **Grimm**, 1815. Études de divers paysages, têtes,
costumes. Vingt-sept pièces à l'eau-forte, sur
quinze feuilles.

72 **Grünewal** (Mathieu). La Vierge, l'Enfan
Jésus et sainte Anne. Tableau du Musée de Munich.

73 **Hagedorn**, amateur. Paysages à l'eau-forte,
1783.

74 **Hainselman** (Elie). Jean III, roi de Pologne.
Phil. Du Four, trésorier général de France. Desol-
leysel, escuyer du roi dans sa grande écurie, etc.
Huit portraits.

75 **Hesf**. Goëthe, poète allemand.

76 **Heisf** (G.), Ludwig IV von Bayern. Pièce gravée à l'eau-forte.

77 **Hemling** (Jean). Adoration des rois. La Résurrection de Notre Seigneur. Trois pièces gravées par
Schaeffer. Musée de Munich.

78 — Sainte Famille, Tête de Notre Seigneur. *Strixner del.* Deux pièces, Musée de Munich.

79 **Hermskerc.** Saint Maurice. *Strixner del.* Musée de Munich.

80 **Holbein** (Hans). Famille royale d'Henri VIII. Ce sont les portraits en pied d'Henri VII, Henri VIII, Elisabeth et Jeanne Seymour. Gravé d'après le tableau d'Holbein, qui était au palais de Whitehall, lors de l'incendie de Londres, en 1797. Belle épreuve d'une belle pièce gravée par G. Vertue.

81 — Henri VIII accordant un privilége à la Société des chirurgiens de Londres. Gravé par B. Baron en 1736, d'après le tableau d'Holbein appartenant à ladite Société. Manque de conservation.

82 — Triomphe de la Pauvreté et de la Richesse, d'après Holbein. Adoration des rois, d'après Schwarz. Combat de fantassins, costumes du XVIᵉ siècle. Pièce anonyme à l'eau-forte. Quatre pièces.

83 — Triomphe de la Pauvreté. Grande pièce gravée par Vorstermann, d'après Holbein.

84 — Représentation exacte du vaisseau *Great Harry* en 1514.

85 — Jean Von Carondelet. *Strixner del.* Musée de Munich.

86 — Thomas Cromwell, comte d'Essex. Beau portrait gravé par Houbraken. Belle épreuve.

87 — Catherine Parr. Gravé par Edwars. Épreuve lettre grise sur papier de Chine.

88 — Cardinal Wolsey, d'après le tableau de Holbein de la collèction de *Christ chürch Oxford.* Gravé par R. Cooper.

— Cardinal Wolsey Sujets de sa vie et un dessin de sa chaise. Cinq pièces.

— Henri VIII, lord Burleigh, lord Vaux, etc. Sept portraits.

89 — Jacob Meier et sa femme. Vénus et l'Amour,
gravé par Hubner, 1790, et J. Méchel, 1792,
d'après les tableaux qui sont au musée de Basle.
Tête de Christ, gravé par C. Barth, et les portraits
de Clinton, lady Eliot, etc. Fac-simile de dessins.
Sept pièces, d'après Holbein.

3.75
d'Affry

90 — Erasme de Rotterdam, François Ier, roi de
France, Jean Calvin, Marie-la-Catholique, etc. Neuf
portraits gravés par Vorsterman et autres, d'après
Holbein.
— Le Comte de Leoncourt. Gravé par Ballero.
Portrait d'Holbein. Deux pièces.

6.50
Malinet

91 — Huit portraits gravés par Hollar, d'après Holbein.

2.50
Rochoux

92 — Erasme de Rotterdam. Gravé par L. Vorsterman.

2.25
Rochoux

93 **Hollar** (Wenceslas). Anne de Clèves, quatrième
femme de Henri VIII, gravé à l'eau-forte en 1648,
d'après le tableau d'Holbein, de la collection d'A-
rondel. Belle épreuve d'un beau portrait très-
rare.

9.50
Malinet

94 — La Cathédrale d'Anvers, épreuve du 2e état
avant le titre en anglais dans le haut du ciel.

1.75
Rochoux

95 — La Publication de la paix entre l'Espagne et la
Hollande devant la maison de ville d'Amsterdam.
Hollar del. et aqua forti, 1648.

7.50
Gihaut

96 — L'Incrédulité de saint Thomas, d'après Salviati,
de la Collection Arundel. Belle et grande pièce.

2.50
Rochoux

97 — Sujet allégorique où est représentée Anne d'Autriche. Au bas, quatre vers de Puget de la Serre,
Pièce rare.

18
Malinet

98 — Un Sacrifice, d'après le dessin d'André Mantei-
gne. De la collection Arundel. Très-belle épreuve,
rare.

d'Affry

99 — Lions, cerfs et oiseaux. Cinq pièces, dont quatre d'après Albert Durer, 1518. Très-belles épreuves.

100 — Paysages, Marines et animaux, d'après Breughel, Elseimer, Van Artois, etc. Gravés à l'eau-
forte par Hollar en 1649. Quinze pièces.

101 — Henri Van der Borcht, peintre de Bruxelles.
Belle épreuve, avec l'adresse de Meyssens et avant
le texte au verso.

102 — Portraits de Jean de Rœde, comtesse Musta-
che, François Lord Collington, diverses têtes de
femmes et costumes. Quatorze pièces par Hollar.

103 — Portraits de Morett, Van der Borcht jeune,
peintre; dix portraits d'après Holbein, Martin
Schoen et Zimmerman.

104 — Selicus se faisant crever un œil pour en sauver
un à son fils, d'après Jules Romain. Cathédrale de
Cantorbéry. Costumes de moines, etc. Huit pièces.

105 — Oiseaux, d'après Barlow. Tête de chat, 1645.
Sept pièces.

106 **Hopfer** (Jérôme et Daniel). Adam et Ève. La
Femme adultère. Erasme. L'Empereur Galba.
Saint Paul. Costumes, etc. Treize pièces, plusieurs
avant les numéros.

106 bis. — Sujet d'Évangile.

107 **I. B** Les Planètes. Suite de sept pièces (11 à 17).

108 **Kilian** (Philippe-André,. Grand et beau portrait
de Marie-Thérèse, impératrice, peint à Vienne par
Martyn de Meytens.

109 **Kilian** (Bartholomé), Philippe, Lucas et Wolf.
(Les). Sept portraits, dont celui de Marguerite,
infante d'Espagne.

109 bis. **Kilian** (Wolfgang). Les Mois de l'année et le
titre. (Manque deux mois.) Onze pièces.

110 **Kilian** (Les). Jacques Ier roy d'Angleterre, Maximilien comte Palatin, Mathias empereur, comte de
Hanau, Marguerite d'Autriche, etc. Trente-deux
portraits.

111 **Kolbe** (Guillaume). Paysages à l'eau-forte.
Quatre pièces, dont une d'après S. Gessner.

112 **Kobell** (Ferdinand et Henri), 1772. Paysages et
figures. Trente pièces à l'eau-forte.

113 **Lautensack** (Hans Sebald). Une bataille, d'après
J. Romain. 1546. Rare.

114 **Lucas de Leyde**. Saint Barthelemy, sainte
Agnès, sainte Cécile. *Strixner et Heindel*. Belle
pièce. Musée de Munich.

115 — Sainte Catherine et saint Jacob junior. *Strixner del*. Musée de Munich.

116 **Mabuse** (Jean de). Saint Michel, Sainte Famille,
Calvaire. *Strixner et Bergman*.

117 — Les Enfants d'Henri VII et d'Élisabeth, sa
femme, gravé par G. Vertue, en 1748, d'après le
tableau de Mabuse, du Palais de Kensington.

118 **Mecken** (Israël di). La Vierge au temple (32).

119 — La Mort de la Vierge (40).

120 — Saint Martin (109). Très-belle épreuve, mais
rognée.

121 — Sainte Agnès (119). Belle gravure découpée.

122 — Lucrèce se donnant la mort en présence de
Collatin, son époux (168). Pièce rare. Elle est
restaurée.

123 **Mecken** (D'après Israël Van). Jésus au milieu
des docteurs. Jésus-Christ portant la croix. *Strixner
del*.

124 — Les douze Apôtres, sur quatre feuilles. *Strixner del*. Quatre pièces.

125 — Saint Henri et sainte Hélène. *Strixner et Bergman*. Deux pièces.

126 — Saint Paul, saint Roch, saint Jean. *Strixner et Bergman del.* Trois pièces.

127 — Portrait d'homme se regardant dans un miroir. *Strixner et Freyman.*

Cette estampe et celles des quatre numéros qui précèdent, d'après des tableaux du Musée de Munich.

128 **Meister de Wilhem.** L'Annonciation et Jésus au Jardin des Oliviers. *Strixner del.* Deux pièces. Musée de Munich.

129 — Huit des Apôtres, à deux sur chaque feuille. *Strixner del.* Musée de Munich. Quatre pièces.

130 — Sainte Catherine, saint Hubert, saint Hypolite, sainte Magdeleine, saint Cornelius et saint Antoine. *Strixner del.* Musée de Munich. Deux pièces.

131 — **Merian** (Mathieu). Paysage, chasse, batailles, prise de Heidelberg en 1622, sujet allégorique. Vue de Brenets, village près Neuchatel, par Abr. Girardet, et vue de Basle. Douze pièces.

132 **Muller** (Frédéric), 1762. Divers animaux. Six pièces à l'eau-forte. (Nos 1 à 6).

133 **Muller** (Jean-Gothard). La nymphe Érigone. Gravé en 1773, d'après N. R. Jollain.

133 bis **Muller** (Frédéric). Statue de la Jeunesse. Gravé pour le Musée français.

134 **Pencz** (George). Tobie et l'Ange (17). Horace Coclès (80). Porcenna (81). Le poëte Virgile suspendu dans un panier (87). Quatre pièces.

135 — Histoire de Joseph (9), et la copie (10 et 12 copies). Médée (71). Pàris et OEnone (72). Copie. Sept pièces. Un duc de Saxe, plus, une lithographie d'après une sculpture du cabinet de M. Denon.

136 — Esther (8). Histoire de Tobie (13 et 14). Le bon Samaritain (68). Conversion de saint Paul (69). Mort de Lucrèce (79). Porcenna (81). Sept pièces.

137 — Artémise faisant mettre dans sa boisson les cendres du corps de son époux (83). Thétis et Chiron, 1543 (90).

138 — Les Cinq Sens, les Arts libéraux, nos 100, 101, 105, copie, 106, 109 et la copie, 110, 112, 114, 115, et la Foi Nᵒ 23. En tout onze pièces. Belles épreuves.

139 — Les six Triomphes, décrits par Pétrarque. Suite de six estampes (117-122). Belles épreuves.

140 — Lucrèce, et Diane et Actéon.

141 **Prenner** (Joseph). Vingt-neuf feuilles, contenant trois cent deux petites pièces, gravées à l'eau-forte, d'après les tableaux et statues du Musée impérial du Belvédère, à Vienne, en Autriche. Plus, deux pièces de ce même musée.

142 **Plouski** (M.). Petites figures à l'eau-forte. Sept pièces. Plus, deux têtes d'hommes, par Trenreich. 1750.

143 **Ridinger** (Jean-Elie). Louis XV, Charles Alexandre, duc de Lorraine; Frédéric-Henri, comte de Seckendorf; Charles, duc de Wurtemberg; Frédéric, roi de Prusse. Ces personnages représentés à cheval. Cinq pièces inventées, dessinées et gravées à l'eau-forte, par Elie Ridinger. Elles sont rares.

144 — Divers animaux des forêts, lions, cerfs, biches, sangliers, etc. Treize pièces gravées de 1741 à 1748. Belles épreuves.

145 — Les lions, les ours, les sangliers, etc. Huit grandes pièces, dessinées et gravées par Ridinger. Cette suite est rare.

146 **Rode** (Bernard). 1765 à 1777. Tobie recouvrant la vue. Silène, etc. Quatre pièces à l'eau-forte.

147 **Raos** (Henri). Divers animaux. Deux pièces gravées par A. Bartsch.

148 **Sandrart** (Joachim). Samuel Costers, Joost Vondel et Petrus Cornelius, Hoofdias. Trois portraits gravés par Th. Matham et R. Perzyn.

148 bis **Sandrart** (Jacques). Portraits de personnages allemands. Six portraits, dont celui de And.-Georges Paumgartner, généalogiste, mort en 1686.

149 **Sauerwerd** (Alb.), peintre russe. Kosack et Kalmouck. Cinq pièces gravées à l'eau-forte.

150 **Schmidt de Berlin** (Frédéric-Georges). Georges-Frédéric Handel, compositeur et directeur de l'Opéra de Londres.

— Antoine - François Prévost, aumônier du prince de Conti. Dessiné et gravé à Berlin, en 1745. Belle épreuve.

— Frédéric III, roi de Prusse. Très-belle épreuve.

— Jean Bernouilli, mathématicien, d'après Ruber.

151 — Portrait du prince Frédéric - Henri - Louis, prince de Prusse, d'après Amédée Vanloo, en 1705.

152 — La Résurrection de la fille de Jaïre, 1767. Le Prisonnier, 1756. Le Père de la fiancée réglant sa dot, 1770. Le Philosophe et un portrait de rabbin. Cinq pièces à l'eau-forte, d'après Rembrandt. Belles épreuves.

153 — Agar reçue par Abraham, d'après Dietricy. Gravé à l'eau-forte en 1775. Belle épreuve.

154 — Les bons Amis; 1757, d'après A. V. Ostade.

155 — Mlle Clairon, célèbre actrice de la Comédie-Française, d'après N. Cochin.

156 — Mme Schmidt et un paysage.

157 — Jean Law; Frédéric Guillaume, roi de Prusse,
J.-B. Rousseau et Adrienne Lecouvreur. Quatre
portraits.

158 — Le prince d'Orange, Guillaume second à qui
Cats explique un trait de l'histoire de ses ancêtres.
Tête de vieillard. Ces deux pièces à l'eau-forte, en
1772, d'après G. Flinck. Belles épreuves.

159 — Philippe V, roi d'Espagne, d'après Vanloo.
Belle épreuve.

160 — Nicolas Esterhasi, ambassadeur extraordinaire
près la cour de Russie, d'après Toqué, en 1758.

161 — Dinglinger, d'après Ant. Pene, 1779. Tête de
vieillard. Études d'enfants, 1767, 1770, d'après
Flaman l. Un vase, 1774.
— Tête de jeune garçon. Gravé à la manière du
crayon, d'après Boucher, 1759. Pièce rare, im-
primée en rouge. Cinq pièces.

162 **Schmuser**, sc. *Viennæ* (Andreas et Joseph).
Thèse de théologie, 1738. Grande estampe en trois
feuilles.

163 **Schnoorr de Munich** (Jules). Sujet de la vie
de Rodolphe de Hasbourg. Peinture du Musée de
Munich. Gravé par Jules Thaeter.

164 **Schongauer** (Martin). Les Vierges sages,
Nos 78, 79, 81, 82. Quatre pièces rares.

165 — Symbole des quatre Évangélistes. Quatre estampes de forme ronde, Nos 73-76; plus, deux copies des
Nos 73 et 76. Elles sont sans marque. Six pièces
rares.

166 — La Passion. Huit pièces gravées d'après les estampes de Martin Schongauer Sur l'une d'elles la
date de 1584 et le monogramme. Rare.

167 — L'Encensoir. Vierge et Enfant Jésus. Copies
modernes de Martin Schongauer.

168 **Schörel** (Van). Sainte Catherine. *Strixner del.* Musée de Munich.

168 bis — Christ en croix. Gravé par Langlois.

169 **Schwarz** (Jean). Adoration des Rois. *J. Bergman del.* Musée de Munich.

170 **Sichem** (Van). Maximilien Ier, empereur d'Allemagne. Alexandre Farnèse. Don Juan d'Autriche. Philippe IV, roi d'Espagne. Comtes de Nassau, etc. Vingt portraits en pied.

171 **Thiele**, *pinxit et sculpsit* (Alexandre). Vues de la forteresse de Konigtein, en Saxe. Deux pièces à l'eau-forte.

172 **Trotter**. Frédéric, prince de Danemark, 1786, d'après Juel, peintre danois.

173 **Unbekanter Meister**. Jésus et la Magdeleine. *Strixner del.* Musée de Munich.

174 **Virgile Solis**. Les Planètes (199 à 286). Les Cerfs (464). Les Quatre Saisons. Chasses, oiseaux, ornements et vases. Vingt-deux pièces.

175 — Quatorze pièces d'un jeu de cartes dit Tarot.

176 **Walck** (Jean). Maximilien Ier. *F. Lauter del.* — Hernn Haller. *Strixner del.* Musée de Munich. Deux pièces.

177 **Weirotter** (Edmond). Divers paysages. Vue de Vernonnet, en Normandie; vue de Bruxelles, Marines, etc. Dix-neuf pièces à l'eau-forte.

178 **Zagel** (Martin). Les Soldats (20).

179 — Lueur et Obscurité, 1500 (21).

180 **Zan** (Bernard). Riche vase d'orfévrerie. Rare.

181 **Zwinger**. Noce villageoise. Le Baptême. Costumes suisses. Vue de Berne. Vue dé Suisse, par Muller. Dix pièces coloriées.

182 — Adoration de la Vierge, d'après Hemling. Sujets de la Passion, d'après Schauffelin. La Vierge et deux Saints. Vander Goes. Neuf pièces d'après les tableaux de la galerie de Florence. Epreuves avant la lettre, papier de Chine.

Estampes gravées sur bois par des graveurs allemands.

182 bis **Baldung Grun** (Hans). Adam et Ève (1). Descente de Croix (5). La suite des Apôtres (6 à 18). Jésus porté au ciel (43). Treize pièces. (Manque quatre.) Groupe de sept chevaux (56). Autre groupe de sept chevaux (57). Quinze pièces.

183 **Beham** (Hans Sebald). Trois rinceaux d'ornements; au milieu de chaque un mascaron. Trois pièces sur une feuille; à chaque la marque, et celle du milieu la date de 1540. Elles sont non décrites par Bartsch. Au verso de la feuille se trouvent deux autres gravures en bois, sans marque.

184 **Burgmair** (Hans). Sujets de la vie de l'empereur Maximilien Ier. Seize pièces gravées en bois.

185 **Cranach** (Lucas). Repos en Egypte (1). Saint Jean prêchant dans le désert (60). Sainte Anne prenant l'Enfant Jésus (68). Sujets de la Passion. Martyre des Apôtres. Marc Curce se précipitant dans un gouffre (112). Le Jugement de Pâris (114). Luther, 1546 (150). Treize pièces.

186 **Durer** (Albert). L'Apocalypse de saint Jean. Suite de quinze pièces et le titre. Superbes épreuves avec le texte latin au verso. (Manque le titre.).

187 — Ecce homo, titre de la grande Passion (4) Deux épreuves. Sainte Barbe (24). Deux épreuves, une du 1er état. Saint Joachim et un Ange (73). Vierge et Enfant Jésus (99). La Vierge assise (102). Saint Jérôme (114). Huit saints patrons d'Autriche (116). Trois évêques (118). Martyre de sainte Catherine (120). Onze pièces. Belles épreuves. Plus, saint Pierre et saint Paul premiers ermites, et un martyr. Deux pièces non décrites Cet article sera divisé.

188 — Danse aux flambeaux (38). Trois pièces de la petite Passion (31, 33, 42). La Vierge (100).

189 — Sept pièces, copies de bois d'Albert Durer.

190 **V. G.** Sujet de la Passion. Jésus devant Pilate.

191 — Samson et Dalila (2). Titre de l'ouvrage, Denis de Carthage, en 1533, par Worm. Non décrit. Quatre pièces de Hans Schauffelein, pour une suite de la Passion. Titre de livre par Jost Amman. Calvaire marqué V. G. (Urse Graf). Sainte Famille (1), par Tobie Stimer. Saint Jean prêchant, marqué I. S Non décrit. Saint Sébastien. Dix pièces.

192 — Paysage avec riche architecture, où se voit un grand nombre de personnes se divertissant. Belle pièce gravée en bois.

193 — Costumes, 1527. Ferdinand Ier, duc de Saxe, et Catherine, sa femme, etc. Divers autres portraits gravés en bois Huit pièces.

194 — Costumes gravés en bois sur les dessins de Hans Schauffelein et autres maîtres à monogramme. Onze pièces.

195 — Portraits du duc de Saxe, par Virgile Solis et maîtres à monogramme. Six pièces.

195 bis — Tobie et l'Ange. L'Enfant prodigue. Deux bois marqués du chiffre d'Hermskerke. Trois autres bois marqués M. S. et F. N.

196 — Sujets de l'Ancien et du Nouveau Testament, par des graveurs en bois du XVe et du XVIe siècle, dont plusieurs à monogramme. Vingt-deux pièces.

197 — Les Apôtres. La Passion, etc. Soixante-quatre pièces gravées en bois, par Van Sichen, Jost Amman et autres. Soixante-quatre pièces.

198 — Sujets de l'Ancien et du Nouveau Testament, gravés en bois au XVIe siècle pour des livres d'heures; titre de livres avec les marques de Guillaume Eustache, Gilles Gourmont, B. Rembold, Vincent, François Regnault, etc. Cent vingt-deux pièces rares. Cet article pourra être divisé.

199 — Soixante-quatre pièces gravées en bois, curieuses pour les costumes et détachées de divers ouvrages, au XVIe siècle.

200 — Quarante-quatre pièces, idem.

201 — Généalogie de la famille des Hasbourg. Huit feuilles. Rare. Ancien bois réimprimé en 1781.

202 — Les ducs de Saxe, en 1562; Seize pièces gravées en bois, plusieurs par Lucas Cranac.

203 — Suite de Proverbes et Facéties. Sept pièces avec bordures et légendes en français, gravées en bois dans le XVIIe siècle. Rare.

Estampes diverses de l'École Allemande.

204 — Le Chanteur en foire. Un Tournoi. Repas des moissonneurs, etc. Huit pièces.

205 — Vienne en Avstriche. A Paris, chez Boisseau. Du Recueil de Chastillon, ville de Hambourg Deux pièces.

206 Paysages à l'eau-forte, par des artistes allemands de la fin du xviiie siècle. Vingt-huit pièces.

207 Divers sujets de la fable. Etudes de figures et têtes. Quinze pièces à l'eau-forte, par A. Tischbein, 1757; Echard, 1784, Schenau et C. Winck, Rugendas, etc.

208 Paysages divers et figures. Vingt-quatre pièces à l'eau-forte, par Milats, Molitor et autres artistes de la fin du xviiie siècle.

209 — Paysages à l'eau-forte, par divers artistes allemands de la fin du xviiie siècle. Trente pièces.

210 Paysages et animaux. Treize pièces à l'eau-forte, par le comte Maurice de Brulh, Klein, Fland, Morgenstein, Koning, Plimmer, etc.

211 Paysage à l'eau-forte, par Diès, Gauerman, etc. Douze pièces.

211 bis — Paysage à l'eau-forte, par Beich, J. P. Hackert, 1764; Félix et Frédéric Meyer, 1767; Bemel, etc. Seize pièces.

212 **École allemande XIXe siècle**. Peintres et graveurs. Sujets pieux gravés par Massau, Ludy, Nuffer, Kruger, Keller, A. Petrark, etc., d'après Hemling; Fra-Bartholomeo, Perugin, et aussi d'après des peintres de l'école allemande moderne, Overbeck et autres. Trente-trois pièces.

212 bis — *Ballades allemandes de Goethe*, 1830. Quatre livraisons. Trente-sept pièces lithographiées.

Portraits de Personnages Allemands.

213 — Portraits des ducs de Saxe. Onze pièces gravées sur cuivre, plus dix portraits gravés sur bois.

214 — Amélie de Solms, princesse de Nassau, Marie-Christine, archiduchesse d'Autriche, Marie-Charlotte d'Autriche, reine de Naples, Marie-Thérèse, impératrice, reine de Hongrie, Marie d'Autriche, sœur de Charles-Quint, Charles-Quint et Ferdinand 1er. Neuf portraits gravés par Kusell, Henri Ulrich, etc.

215 — Paul Petrowitz, grand duc de Russie, Antiochus, prince Cantemir, ambassadeur de toutes les Russies auprès du roi d'Angleterre, d'ap. Amiconi, par Wagner, 1738. Rostopchin, gouverneur de Moscou en 1812, Georges-Sébastien Lubomirzki, général polonais, Frédéric-Christian, roi de Pologne, Franç. Ragoczy, duc de Transylvanie, 1781. Huit pièces.

216 — Elisabeth-Wilhelmine, princesse de Wurtemberg, gravé par Barth. Hubner en 1782.

217 — Marie-Thérèse d'Autriche, Paul Petrowitz, grand-duc de Russie, Gustave, roi de Suède, Frédéric II, roi de Prusse, François Ragoczy, Potemkin, Lavater, baron Trenck, etc. Seize portraits.

218 — Guillaume IX, landgrave de Hesse et de Hanovre, Ch.-Gustave, marquis de Bade, Paul de Paumgartner, Mathias Belius. Six portraits gravés par Kussel, André et Joseph Schmuzer, Weis et Windter.

219 — Portraits de Pierre-le Grand, du grand-duc ré-
gnant de St.-Holst, 1744, de Jean-Georges, duc de
Saxe, etc. Cinq pièces gravées par Mathieu Kussel,
Fritrsch, Frolich, etc.

220 — Portraits de personnages allemands, le prince
Eugène, divers médecins et autres, et un ambassadeur du roi de Perse. Neuf portraits gravés à la
manière noire par Haid et autres.

221 — Comte de Moens, G.-F. Kordenbusch, Reichardt,
Michel Schuppach, Munters, Cramer, Reinhold, et
autres personnages de tous états, gravés par Presler,
Vinkeles, Endlich, etc. Dix portraits.

222 — Frédéric Hoffman, médecin, Sébastien Alla-
mand, G. Ebner, P. Verderman, G. Becker, Sigis-
mond-François, archiduc d'Autriche, et autres
personnages, gravés au burin et à la manière noire
par Kusell, Romstet, J. Durr, W. Nor, 1744,
Windter, 1732, Haid, etc. Quatorze pièces.

223 — Généalogie de la famille impériale de Russie,
très-grandes estampes en six feuilles, gravées à
Berlin par David Schleuen, 1744. Rare.

224 — Le prince Alexandre Borissowitsch de Kourakin,
ministre des affaires étrangères de l'empereur de
Russie, gravé à Saint-Pétersbourg par Jean et
François Vendramini

225 — Un Archiduc d'Autriche. Épreuve coloriée.

226 — Catherine, princesse de Galitzin, née princesse
de Cantemir, gravé par Beauvarlet d'après Lefèvre,
le prince Ferdinand de Brunswich, dessiné par
Fr. Déschamps, femme Beauvarlet. Deux pièces.

227 — Joseph II, roi des Romains et de Germanie,
gravé par A. Tischler, d'après Lion.

227 bis. — Duc de Moscovie, d'ap. Meytens, par And
et J. Schuzez.

228 —Duc de Reichstadt, fils de l'empereur Napoléon Ier, portrait publié à Vienne par Artaria. Épreuve sans lettre.

229 — Nicolas Ier, empereur de toutes les Russies, à cheval, entouré de son état-major. Lithographié d'après Kruger par Kauffman.

    — Alexandra Feodorowna, impératrice de toutes les Russies.

230 — Personnages allemands, souverains, électeurs, généraux, dans les XVIIe et XVIIIe siècles. Vingt portraits par des artistes allemands.

230 bis. — Personnages allemands, prélats, archiducs, savants, etc. Dix portraits.

230 ter. — Luther, Juste Lips, Grotius, Martyr, et autres portraits de divers personnages allemands, flamands et hollandais aux XVIe et XVIIe siècles. Trente-quatre pièces in-8°.

231 — Vues de Munich, de Cassel, Marburg, Hameln, Pagenburg, et autres villes d'Allemagne. Seize pièces gravées par Frommel, Schütze et autres.

232 — Un tournoi, un sceau de Maximilien, marche d'un grand seigneur, 1612.

233 — Plan d'une séance dans la grande salle de Ratisbonne, où se trouve tout l'Empire assemblé à l'ouverture d'une diète. 1787. Vue de Stockholm.

234 — Vues de villes de la Suisse et batailles célèbres. Trente-huit pièces.

234 bis. — Monuments de l'histoire de sainte Élisabeth de Hongrie, d'ap. les peintures d'un ancien maître de l'école de Cologne. Quatre livraisons, dix pièces.

234 ter. — **Thorwalsen**, sculpteur danois. Histoire d'Alexandre. Dix pièces.

Dessins de l'École Allemande.

235 Anonyme. Dessin satirique de la nouvelle secte de Calvin contre la papauté; avec cet ancien dessin du XVIᵉ siècle, la copie faite à l'eau-forte par le sénateur Peter Viescher de Basle; on lit en français sur cette copie cette prophétie : *Dédié à l'assemblée nationale qui se tiendra à Paris en l'année 1790.*

235 bis. École allemande, XVᵉ siècle. Vierge et enfant Jésus. Dessin à la plume, marque M. S., 1491.

236 Bock (Hans). Guerrier à cheval, armé de toutes pièces. Dessin lavé pour un vitrail.

237 Burgmer (Jean). Sujet de la vie de Maximilien. Dessin au crayon.

238 Durer (d'ap. Albert). L'empereur Maximilien Iᵉʳ, fragment du triomphe de ce prince. Dessin à la plume avec la date de 1577.

239 Calvar (Denis). Saint François et la Vierge. Dessin lavé et rehaussé.

240 Candide (Pierre). Saint Jérôme. Esquisse peinte.

241 Holbein (Hans). Costume de femme. Dessin à la plume et lavé.

242 Holbein (École d'). Costumes militaires suisses, XVᵉ siècle. Dessin à la plume et lavé pour un vitrail.

243 Kleugel, 1779. Un Mendiant. Dessin lavé.

244 Meyer, 1649 (Conrad). Homme sauvage, étude pour armoiries. Dessin lavé et rehaussé.

245 Muller (Jean). Mercure. Dessin à la plume, au bistre.

246 Roos (Henri). Vaches, chèvres et moutons. Dessins à la sanguine.

247 **Spilman**. Paysage. Dessin lavé au bistre.

248 **Stradan** (Jean). Les filles de Loth. Dessin lavé et rehaussé.

249 **École allemande**, XVIe siècle. Jésus baptisé par saint Jean. Dessin lavé et colorié pour un vitrail.

250 — Saint Jean écrivant l'Apocalypse. Dessin à la plume, rehaussé de blanc sur papier bleu.

251 — Vierge, enfant Jésus et saint Jean. Trois dessins à la plume, attribués à Martin Schongauer.

252 — Les mois de l'année. Dessin à la plume.

253 **Ecole allemande**, XVIIe siècle. Saint Georges. Dessin lavé et rehaussé.

254 — Jésus flagellé; la robe de Joseph, portrait de Luther, etc. Cinq dessins par des artistes allemands au XVIIe siècle.

255 — Moyse; le passage de la mer Rouge; l'Annonciation; Christ en croix; deux saintes et costumes. Cinq dessins à la plume avec divers monogrammes et datés 1614 et 1666.

256 — Jésus et les soldats. Dessin lavé au bistre.

257 — Saint Pierre; costumes de femme et de guerrier; un squelette, etc. Cinq dessins lavés à l'encre et au bistre.

258 — Descente de Croix. Dessin lavé à l'encre de Chine sur papier bleu.

259 — Sujet de Guillaume Tell. Dessin lavé, avec le monogramme R. S., 1614.

260 — Jésus au jardin des Oliviers; sujet allégorique; études de figures antiques, etc. Quatre dessins lavés.

261 **Ecole allemande**, 1837. Mort d'une sainte. Deux dessins à la plume lavés, par un artiste allemand de l'école de Cornelius.

DEUXIÈME PARTIE.

ÉCOLE ANGLAISE

PEINTRES ET GRAVEURS

262 **Ardell** (Marc). Arthur Dobbs, vice-amiral ; lord Henley, d'ap. W. Hoare ; capitaine Cozani, d'ap. Hogarth. Trois portraits.

263 **Basire** (James). Le champ du Drap-d'Or. Entrevue de Henri VIII, roi d'Angleterre, et de François Ier, roi de France, devant Guines, le mois de juin 1520, d'après un tableau du temps, dans les appartements du château de Windsor.

264 — La procession du roi Édouard VI de la tour de Londres à Westminster, le 19 février 1547, le jour de son couronnement.

265 — Campement des forces anglaises près Portsmouth, et engagement des flottes française et anglaise, le 19 juillet 1545.

265 bis. **Bartolozzi** (François). Apothéose d'une jeune femme (c'est Mme Elisabeth, sœur du roi Louis XVI) ; charmante estampe d'après le rév. W. Peters, 1797. Épreuve avant la lettre.

266 — Deux portraits d'après Janet; sir Ralph Abercromby, d'après Hoppner. Trois pièces.

267 — Quatre pièces d'après An. Carrache, Franceschini, prêtre, teste et antique, dessinés par Cipriani.

268 **Bromley**, 1809 à 1815 (William). Lord Nelson.
— Charles-James Fox, ministre anglais.
— William Pitt, ministre anglais.

Ces trois personnages ,célèbres en 1800, sont représentés en pied ; ils ont été très-bien gravés d'après les tableaux de R. Bowyer ; les épreuves sont avant la lettre, le titre seul tracé; ils sont rares.

269 **Cardon** (Ant.). Assaut et prise de Seringapatam, d'après Singleton.
— *Crédulity*, d'après F. Wheatley.

270 **Cooper** (Robert). Shakespeare, gravé au pointillé.

271 **Cooper** (A.), Richard III à la bataille de Bosworth ; chevaux et chiens. Trois pièces en manière noire, par Gillez et Turner.

272 **Cosway del et inv.** Jeux d'enfants. Épreuve coloriée Neuf pièces.

273 **Cousins** (Samuel). Le prince Albert, époux de la reine d'Angleterre, d'après John Lucas. Belle épreuve avant la lettre ; papier de Chine.

274 **Daniel** (William). Action in the bay of Navarin. Epreuve, papier de Chine. Couronnement de Georges III et la reine Victoria. Trois pièces.

275 **Dahll**, 1704 (M.). Georges Rooke, vice-amiral; M. Grevil Verney. Deux pièces gravées par R. William.

276 **Doo** (George T.) *His* royal Highness the prince Albert, d'après John Patridge.

277 **Dickinson**. Diseuse de bonne aventure.

278 **Dixon**. *Nabot omdut il*, etc. Personnage indien, d'après Ward.

279 **Earlom** (Richard). Les oiseaux, gravé d'après Maria di Fiori. Épreuve avant la lettre. Rare.

280 **Gainsboroug** (Thomas). Paysage maritime, gravé par Th. Major.

281 **Gillray design. et fecit**. *The Nancy Packet*. 1784. Chiens et porc-épic, lions et tigresse, par Murphy et autres. Quatre pièces.

282 **Goupy** (Jos.) Castel Gandolfo, d'après Francesco Bolognèse.

283 **Green** (Valentin), 1780. La Vierge avec Jésus ; sainte Élisabeth et saint Jean, d'après Willibert. Tableau du cabinet Hougton.

284 — Le jeune Samuel et le prophète Élie, gravé d'après Copley. Épreuve avant la lettre.

285 — Vénus à la Coquille, d'après Bury. Gracieuse estampe.

286 — Érasistas, médecin, découvre l'amour d'Antiochus pour sa belle-mère.
— Daniel interprétant les caractères sacrés devant Balthazar. Deux estampes d'après Benjamin West. Épreuves avant la lettre.

287 **Faber**, 1717 (J.). Charles Iᵉʳ, roi d'Angleterre, à mi-corps, au moment de sa mort, la tête entourée d'une auréole; au bas, seize vers en anglais. Pièce rare.

288 — Thomas Birch ; Villiam Anlah Selsarakoo ; Guillaume, prince d'Orange et Anne, princesse d'Orange, d'après Ph. Van Dyck; un philosophe et trois portraits anonymes. Neuf pièces.

289 **Fittler** (James). Combat maritime entre les
flottes française et anglaise, le 1er juin 1794, gravé
d'après Louterbourg. Épreuve, lettre-grise sur
papier de Chine.

290 **Fuseli** (Henri). *Sin pursued by Death*, gravé par
Levis.

291 — Lady Macbeth ; Shakespeare, acte 5e, gravé
par J. R. Smith.

292 **Frye Pictor invt. et sculpt**. (Thomas).
Têtes d'hommes. Quatre pièces éditées en 1760.

293 **Hamilton**. Sujet de la vie d'Henri VIII, roi d'Angleterre. Épreuve, papier de Chine.

294 **Hayter** (Georges). La reine Victoria, gravé par
James Bromley.

295 **Heath** (Charles). *The Girl at the Well*, d'après
R. Westall.

296 **Herring del**. Les moutons ; les cochons. Deux
pièces coloriées.

297 **Hogarth** (William). Les comédiens forains, in-
venté, peint et gravé par ce maître en 1738.

298 **Jones** (J.-E.). *Stage Coach*, Stage Waggon, gravé
par Hunt et Batley. Épreuves coloriées.

299 **Johnson** (S.). Lord Spencer ; duchesse d'Yorck ;
George III. Trois pièces.

300 **Kauffman** (Angélica), 1770. Étude de jeune
femme. Deux pièces à l'eau-forte. Rare.

301 — Méditation, science et religion ; Héloïse et
Abeilard, etc. Cinq pièces gravées par Bartolozzi,
Scorodomoff, P. Bonato, d'ap. Angelica Kauffman.

302 — Andrea Timothea, d'Eon de Beaumont, dit *la
Chevalière d'Éon*, gravé par Fr. Haward, d'après
Kauffman.

303 **Kneller**, *peintre*. Pierre Alexeewitz, tzar et duc de Moscovie. *Kneller*, 1697. *J. Smith*. — Boris, prince de Kurakin, par Gunst. Deux pièces.

304 — Frédéric de Schomberg. — Will. Richard. — Charles, comte de Dorset. Quatre portraits, trois par Smith et un par Faber.

305 — Lady Torrington. *Kneller*, 1709. *Smith*, 1720. — Lady Mary Douglas, fille du duc de Queensberry. *Smith.* — Mistress Sherard.

306 — Richard lord Clifford et lady Jeanne, sa sœur; lord Villiers et sa sœur Mary Villiers; la duchesse de Monmouth, le comte de Doncastre et lord Henri, ses fils. Quatre portraits en pied, par J. Smith.

307 — Georges II, Guillaume III, rois d'Angleterre, etc. Cinq portraits, par Smith et autres.

308 — La duchesse de Marlborough, mistress Sarah Chicheley, la duchesse de Saint-Alban. Trois pièces, par Smith.

309 — Lady Essex Mostyn, les deux filles de lord Churchill's, madame d'Avenant, mistress Carter. Quatre pièces, par J. Smith.

310 — La duchesse de Bolton, lady Howard, lady Cromwell, duchesse d'Ormond. Quatre portraits en pied, gravés par Smith.

311 — Comtesse de Ranelagh, lady Cromwell, lady Copley, avant et avec la lettre. Quatre pièces, par Smith.

312 — Madame Loftus, duchesse d'Ormond, et Thomas comte d'Ossory, son fils; Mrs Yarborough. Quatre pièces, par Smith.

313 — Comtesse de Salisbury, M^rs ......, Arabella Hunt, lady Howard, etc. Quatre pièces, gravées par Smith.

314 — La princesse de Danemarck, la comtesse d'Essex, Charlotte, princesse de Galle, et une tête de vierge. Quatre pièces, par Smith.

315ᵗ — Pierre van der Plass, sculpteur. *P. Schenck fc.*

316 — Charles III, roi d'Espagne, par Smith.

317 — Charles Mountague, un des lords commissaires de la Trésorerie. — Maynhard, duc de Leinster. — Robert Southnvell. — Christophe Walters Stockdale. Quatre pièces, par Smith.

318 — Robert Walpole, gravé par Faber.

319 — Amélie, princesse de Nassau ; Joseph Carreras, Espagnol, 1686 ; Richard Lumley, Edward Hopkins, la princesse Anne, fille de Georges II. Cinq portraits, gravés par Faber.

320 — Sidney, comte de Godolphin, comte d'Exeter, lord Conper, lord chancelier d'Angleterre, 1707 ; Godart, baron de Ginkel ; Jean comte d'Exeter ; marquis de Tweedale, comte de Giffort, Samuel Qarth, médecin. Six portraits, par Smith ; le septième par Simon.

321 — Jacques II, roi d'Angleterre ; Guillaume III, roi d'Angleterre ; Henri, comte de Nassau, et Georges, prince de Danemarck. Quatre pièces, par Smith.

322 — Le duc de Glocester, James, comte de Salisbury ; lord Bury, lord Euston, le prince de la Grande-Bretagne. Six portraits, par Smith.

323 — Jean Churchill, marquis de Blandfort, duc de Glocester, John Percivale, baronet, lord Buckhurst et lady Mary Sackvil, sa sœur. Quatre pièces, par Smith.

324 — Comte de Kaunitz, lord Hinchingbrooke, mistress Rachel, Tombeau de la reine Marie d'Angleterre. Cinq portraits par Smith et un par Schenck.

325 — Joseph Addison, Cosimus, William Congrève, Anthony Henley. Quatre portraits, par Smith.

326 **Landseer** (Edwin). *Rat-Catching*, gravé par Landseer.

327 **Laurence** (Thomas). Elisabeth, comtesse de Grosvenor, et master Lambton. Deux pièces, gravées par Samuel Cousins.

328 **Lelly** (Pierre). Lady Montague, Mrs Ellen Gwynn, célèbre actrice, et favorite de Charles II, P. V. B., 1751; W. Wycherley. Smith fec. 1703.

329 **Leslie** (C. R.). *The Rivals*, drawn on stone by Richard, J. Lane, épr. pap. de Chine.

330 **Martin** (d'après). Les Champs-Élysées.

331 **Masson** (James). Paysage, d'après Zuccharelli.

332 **Meyer** (Henri). Matheus, acteur anglais, représenté dans plusieurs rôles. Deux pièces.

332 bis. **Midiman**. Les trois Maries, d'après Mola. *Sea view*, d'après Van de Velde. Deux pièces.

333 — Amusements des bergers, beau paysage, d'ap. Berghem, épr. avant la lettre.

334 **Millet** (William). Vue de la ville d'Edimburg, d'après H. W. Williams, épr. lettre grise sur papier de Chine.

335 **Monnier** (J. L.). Jacques Delille, peint au moment où il récitait des vers, 1er août 1802, gravé par J. Yong.

336 **Morier** (David). Georges II à cheval, gravé par Ravenet.

337 **Morland**. Visite au fermier, épr. coloriée, deux marines, une d'après Van den Velde. Trois pièces manière noire, deux sont coloriées. — 1.75

338 **Mortimer** (J. H). Le roi Jean ratifiant la charte, gravé par William Ryland. — 1

339 **Murphy** (John). Le fils du Titien et sa nourrice, d'apr. le tableau du Titien, à la galerie Houghton. — 1.75

340 **Neagle** (J.). La Mort de lord Nelson, d'après R. Westall, épr. avant la lettre. — 1

341 **Olivier** (J.). Robert Devereux, comte d'Essex, 1601, gravé par Houbraken. — 1.50

342 **Peters** (William). Les Femmes joyeuses de Windsor. *Beaucoup de bruit pour rien.* Scène du théâtre de Shakespeare. Belle épreuve d'une charmante estampe. — 6.50

343 **Ramsay Reinagle** (Richard). *The Spaniel*, gravé par John Scott. — 2.75

344 **Reynolds** (sir Josué). Sheridan, William Windham, Richard, lord Eugecumbé, Gramby. Quatre pièces. — 2.75 Robertson

345 — Un jeune seigneur, en pied, son chapeau à la main, gravé au pointillé, par Caroline Watson, épr. avant la lettre. — 1.25

346 — Lord Ashburton, lord Covendis, Auguste Keppel; Charles Spenser, duc de Marlborough, lord Gramby, Samuel Barrington, W. Posomby, Charles Saunders, lord Camden, lord Anson, Georges Sackeville, W. Kingsley, duc de Devonshire, lord Cardiff. Quinze pièces gravées, d'après Reynolds, par Houston, Fisher, Earlow, Hand, Mac-Ardell. — 13 Daulos

347 — Miss Bingham, master Henry Hoare, Philip Yorke, lord Burgherst. Quatre portraits, trois gravés par Bartolozzi, un par F. E. Wilkin. — 6.50 Daulos

348 — Lady Charles Spencer, Mrs Abington, etc. Trois portraits de femme, par Judkins et Finlayson.

349 — Charles James Fox, ministre anglais, gravé par W. Lane.

350 — Portrait en pied de John Ash, gravé par Franç. Bartolozzi.

351 — Lady Mary, duchesse d'Ancaster, représentée en pied, gravée par Duncan.

352 — Garrick, acteur anglais; il est représenté entre la Tragédie et la Comédie; gravé par E. Fischer.

353 — Hagia Yousuph Effendi, ambassadeur près la cour de la Grande-Bretagne, d'après Frédéric de Breda.

354 — Vitrail de croisée de la chapelle du collége d'Oxford, représentant la Nativité et les Vertus théologales; gravé par R. Earlom, d'après Reynolds. Rare.

355 — John lord vicomte Ligonier, gravé par E. Fisher, d'après le tableau à la galerie nationale de Londres.

356 — Lady Lee, une tragédienne, et les deux sœurs. Trois pièces gravées, par E. Fisher, J. Watson et Dixon.

357 — Jeune enfant en costume du temps d'Henri VIII, gravé par Smith.

358 — Lord Camden, Henri comte de Pembroke; marquis de Tavistock, etc. Six pièces, gravées par Basire, 1766, J. Dixon, J. Watson, etc.

359 — Lord Leslie, Charles Pratt, James Paynes et son fils. Trois pièces, par Mac-Ardell, Haid et Watson.

359 bis — Reynolds, Harlow. Deux portraits, à la galerie de Florence, épr. avant la lettre, papier de Chine.

360 **Rowlandson** 1788 (William). *Lust and Avarice. — Liberality and Désire;* les boxeurs, 1812. Trois pièces. — 2.50 Robertson

361 **Scharp** (William). *The Witch of Endor* (la Sorcière d'Endor invoquant l'ombre de Samuel), d'après B. West. Belle épr. sur pap. de Chine. — 1 Cl.

362 — Matheuw Boulton, esquare; beau portrait, d'après W. Beachey, publié en 1801. — 5.50 Cl.

363 — Sainte Cécile. Belle épreuve d'une charmante estampe. — 1 Cl.

364 — Seigneur de la cour de Charles Ier, d'après Ant. Van Dyck. — 1

365 **Scott** (John). *The Cottage.* Jolie estampe.

366 **Scott** (Robert). *Christ walking on the sea*, gravé par Robert Mitchell. — 4

367 **Skelton** (William). Jean François, évêque et comte de Léon, d'après Danloux. — 1

368 **Smith**. Bessey, comtesse de Rochford; Archangel Corellius, la ly Cartteret, Mrs Ann Roydhouse. Quatre portraits, gravés d'après J. B. de Medina, Hovard, d'Agar, etc. — 4.50 Delaunay

369 — William Bromley, lord Bishop, Thomas Sprat, évêque et archevêque de Rochester; Thomas Knipe, Jean Cornelius, doge de Venise. Quatre portraits, d'après Dahll et Cassana. — 3.50 Delaunay

370 — Le prince Eugène, d'après Richer; Gilbert, lord évêque, mistress Conwai Hackett, d'ap. Ritley; S. Cloudislly, Schowel, d'après de Ryck; Catherine, fille de Jean III, roi de Portugal; etc. Six pièces. — 5.50 Delaunay

371 — Georges de Hesse, landgrave; William duc de Glocester; Thomas Girle. Trois portraits, d'ap. Murrey. — 3.25 Delaunay

5.50
Troude

372 — Lady France et lady Catherine, filles de Richard, comte de Ranelagh; Sophie-Dorothée, reine de Prusse; Constancia Hare; princesse Sophie, électrice. Quatre pièces, d'après Weideman et Verelst.

3
Perrot

373 Frédéric-Guillaume, roi de Prusse; Antoine Leigh, moine espagnol; comtesse de Westmorland, landgrave de Hesse, etc. Cinq portraits, d'après Weideman, Murrey, etc.

2.75
Troude

1.50

374 — Lord Burleig; Guillaume, roi d'Angleterre; le duc de Monmouth et la duchesse de Marlborough. Quatre pièces, d'après Wissing.

375 — Charles XII, roi de Suède; Charles II, roi d'Angleterre. Deux pièces.

2.50

376 — Psiché et l'Amour, d'ap. Alexandre Veronèse; Diane au bain, d'après Berchet; Diane et Actéon, d'ap. N. Poussin. Trois pièces.

2
Perrot

377 — La duchesse de Marlborough, la princesse Anne, princesse Charlotte de Galle, William, duc de Glocester. Quatre portraits, par Smith.

1

378 Le chien d'arrêt, d'après Stubb. Belle épreuve avant la lettre.

3.50
Guichardot

379 **Smith de Chichester**, 1756. Six paysages à l'eau-forte.

380 **Spooner** *fecit*. Maria, comtesse de Coventry.

2.25
Perrot

381 **Stow**, 1798 (Jean). Marie de Rohan, fille d'Hercule de Rohan, duc de Montbazon, d'après le tableau de Morcelsi, peint en 1626, qui était dans la collection de Charles Ier.

9

Delaunay

382 **Strange** (Robert). L'Annonciation, d'après le Guide. Belle épreuve avec toute marge.
— Apothéose d'Octave et d'Alfred, prince d'Angleterre, d'ap. B. West, en 1787. Belle épreuve avec toute marge.

383 — Portrait de Raphaël, d'après lui-même.

384 — *Amoris primitiæ*, d'après le Guide.

385 — *Laomedon, king of Troy, detected by Neptune and Apollon*, d'ap. Salvator Rosa.

386 **Stubb** (Georges). Le cheval et le lion, gravé par Stubb jeune. Epr. avant la lettre.

387 **Stuart** (A.). Rajah of Mysoor, gravé par S. W. Reynolds.

388 **Tomkins.** James Thomson, poète, né en 1700, mort en 1748, d'après Hamilton, pour le frontispice de ses œuvres, édition in-fol.

389 **Thomson.** Philip. Howard, comte d'Arondel, d'après un tableau de Zuccaro.

390 — Georges IV, roi d'Angleterre; duc d'Yorck. Deux portraits, d'après A. Wivell, épreuve pap. de Chine.

391 **Turner** (Charles). John Audiban, naturaliste.

392 **Vertue** (Georges). *A view of the court of Wards and Liveries, with the officers, servants, and other persons there assembled.*

393 — Edouard VI donnant le brevet d'un hôpital aux alderman de Londres, d'ap. Holbein. Belle épr. avant le numéro.

394 — Les enfants d'Henri VII et d'Élisabeth, sa femme, gravé d'après le tableau de Mabeuse.

395 — James Ier, roi d'Angleterre, d'après Van Somer. — Élisabeth, reine de Bohême, d'après G. Honthorst. Deux portraits, par G. Vertue. Belle épr. de deux beaux portraits.

396 — Duchesse de Suffolk et son mari, Adrien Stokes, d'ap. Lucas de Here.

397 — Tombeau d'Henri Darnley, roi d'Écosse.

398 — Le comte d'Arundel et sa famille, d'après Ant. Van Dyck.

399 — Lady Jeanne Gray, fille du duc et de la duchesse de Suffolk, d'après un tableau du temps.

400 — Marie, reine de France, sœur de Henri VIII, et Charles Brandon, duc de Suffolk, gravé d'apr. un tableau du temps. Belle épr. avant les mots : pl. III.

401 — Richard II, Guillaume II, rois d'Angleterre. Deux portraits, par Vertue. Epr. avant la lettre.

402 — Richard III, dit le *Bossu*, roi d'Angleterre, en 1483, d'après un ancien tableau du palais Kensington, par G. Vertue. Très belle épreuve.

403 — Usher Archbishop of Armagh, par G. Vertue, 1738, d'ap. P. Lely.

404 — Jérôme Frascatori, Guillaume Warham, archevêque de Canterbury, d'après Holbein. Deux pièces, par G. Vertue.

405 — M. Steele, d'apr. J. Thornhill. — Pierre Varignon, professeur de mathématiques, né à Caen, l'an 1654, mort à Paris, le 22 décembre 1722. Deux pièces, par G. Vertue.

406 — Paul Sarpi, Édouard Popius, G. Vossius, Johannes Bogermann, Simon, évêque; Gasper Barlæus, Utembogaert, Fr. Gomarus, Arminus, etc. Dix portraits, par *G. Vertue.*

407 **Vilson** (B), *pinxit et aqua forti*, 1750. Bryan Robinson, médecin.

408 — **Vivarès** (François). Les Bandits, gravé d'ap. François Simonini.

409 — A View of Hopping Mill Ware, d'ap. Smith.

410 — A View in Lume Parck, d'après Smith, 1765.

411 — Le Repos de la bergère, d'après Zuccharelli.

412 — Paysage avec sarcophage, gravé d'après P. Patel, 1701.

413 — Les Cueilleurs de houblon, gravé en 1760 d'après Geo. Smith.

414 — Le Berger soigneux, d'après Zuccharelli. The rural Conversation, d'après Paul Ferg. The Happy Peasant, d'après N. Berghem. Quatre pièces, plus deux pièces par Chatelain, d'après le Bourguignon et autres.

415 **Ward** (William). Sir John-Frédéric-William Herschel, astronome, gravé d'après Pickergill.

416 — Garrick et sa famille. Epr. avant toute lettre.

417 **Ward** (Théodore). The Pointer, gravé par John Scott.

418 **Watson.** Un Chien épagneul guettant un canard, d'après Barrett. Epr. avant la lettre.

419 **West** (Benjamin). Benjamin West et sa famille, gravé par Facius.

420 **White** (G.). Christianus Reisenus, célèbre lapidaire, d'après Van der Bank.

421 **Wilkie** (David). The blind Fiddler (l'Aveugle musicien), gravé par John Burnet.

422 — Le même sujet, gravé en bois en 1844.

423 — Le Lapin sur le mur, les Joueurs de dames et le Bon Conseil, d'ap. Burnet. Trois pièces.
Explication de l'estampe, les Invalides de Greenwich fêtant l'anniversaire de la bataille de Trafalgar, d'après Wilkie.

424 **Woollett** (William). La mort du général Wolff, d'après B. West.

425 — Niobé, d'après Wilson.
— Ceyx and Alcione, d'après Wilson.

426 —, Les Dessinateurs et les Bergers, d'après John Smith, de Chichester. Deux pièces, belles épr.

427 — Jésus et la Madeleine, d'ap. Annibal Carrache. Belle épreuve avec l'adresse de Woollett, dans Saint-Martin-Street.

428 **Young** (M.). Portrait de Pitt.

429 **Zoffani.** Combat de Coqs. A Schower, peint et gravé par Hoppner; une Marine; un plan de Londres. Quatre pièces.

430 **Wolstenhome** (D.). Courses et Chasses. Six pièces gravées par Sutherland. Epr. coloriées.

431 **Worlidge.** Rubens et Georges II; tête de Vierge, 1751, et diverses têtes. Sept pièces.

Portraits de divers Personnages Anglais

432 Famille du roi James Ier, roi d'Angleterre, 1619; lord Hovard, duc de Norfolk; sir Francis Ottley et et sa famille.

433 Musgrave, baronnet de Hayton, d'après Abbot; Barwin, médecin; Alexandre Monro; Joseph Black. Quatre pièces au pointillé, par Facius, Heath, etc.

434 Christian VII, roi de Danemark. Trois différents portraits par Houston et Fischer.

435 William, prince d'Orange, par R. Houston; Barrington, évêque de Durham; Hemsterhuys; Louis Moreau de Maupertuis; Armand Dubourdieu, ministre de Savoye; M. Gay, auteur de *Beggar's opera*; B. West, peintre, et lord Gambier. Huit pièces, gravées en manière noire.

436 Samuel Butler, d'après Soest, par Vertue; Charles III, roi d'Espagne; un Archevêque de Thrace. Ces deux derniers portraits, par R. White, 1702.

437 Hamet-Ben-Hamet, ambassadeur extraordinaire de l'empereur du Maroc auprès du roi d'Angleterre, en 1782, gravé par R. White. 2.50

438 Miss Wooles, d'après Cosway; lady Erskine; l'Étude, etc. Trois portraits.

439 Guillaume Ier, prince d'Orange; Guillaume V, prince d'Orange; Christian IV, roi de Danemarck, d'après une estampe rare de Guill. de Passe; Guillaume Charles, prince d'Orange; Frédéric III, roi de Prusse. Quatre portraits, par Houston, Turner, etc.

440 Lady Nuncham, représentée en pied. W. Ryland excudit.
Mary lady Boynton, en pied.

441 Henri VIII; duc de Buckingham; comte de Rutland; Milton; Young; Goldsmith; Elisabeth Brownzigg, célèbre criminelle, etc. Neuf pièces.

442 Personnages anglais : Marie Stuart; Cromwel, duc de Cumberland; Ph. Sidney; Moll King, célèbre empoisonneuse. 15 pièces.

443 Thomas Par.

Né en 1483 du temps d'Édouard IV, il vécut sous dix rois d'Angleterre. Amené à Londres, il fut présenté à Charles Ier comme un prodige de vieillesse, et mourut dans le Strand, âgé de 152 ans et quelques mois, au milieu de plusieurs générations, étant aveugle depuis 16 ans. Gravé d'après Holbein par A. P. 1788.

444 Personnages anglais : Nelson; Garrick; Kemble, etc.

445 Portraits de personnages anglais : Richard III; Henri VIII; Th. Moore, etc. Vingt pièces.

446 Portraits de personnages anglais, vingt-cinq pièces, dont : Bacon, le comte de Surrey, le général Wolff, Pitt, etc.

447 Portraits de personnages anglais gravés, à la manière noire. Dix-neuf pièces gravées par Feber et autres.

448 Personnages anglais, dont : Elisabeth, reine ; Charles II ; comte d'Essex ; Fairfax ; duc de Buckingham ; Charles Blunt, W. Baxter ; Strafort ; comte de Leïcester ; Digby, etc, vingt-neuf pièces.

449 Portraits de personnages anglais aux xviiie et xixe siècles : Daniel O'Connell, R. Peel, J. Russel, Irwing, Th. Cambell, R. Heber, Warren Hasting, W. Cramer. Dix-neuf pièces.

450 Pichegru, général républicain. *Hodges ad vivum pinxit et fecit.* Rare.

——◇◇◇——

ESTAMPES DIVERSES ET VIGNETTES

450 bis. Portraits de personnages allemands : Luther et autres. Trente et une pièces.

451 **Ecole anglaise.** Quinze pièces diverses, d'après R. Cosway et autres.

452 **T. K.**, 1785. Tombeaux de seigneurs anglais. Six pièces à l'eau-forte. Mort de Charles Ier.

453 Chasses, chevaux, chiens de chasse, etc. Trente pièces gravées par Landseer, J. Scott, etc., pour le Sporting Magazine. Deux lots.

454 Église à Séville, Vue sur le Danube, etc. Trois pièces.

455 Deux scènes comiques, d'après Hogpath et Collett.

456 Paysages à l'eau-forte. Dix pièces, par Baron, Boren 1785, Corbould et William.

Animaux, gravés à l'eau-forte, par Vorlidge, S. Gilpin, 1760, etc. Huit pièces.

457 Vues d'Angleterre : Eglise Saint-Paul, Warwick, Château d'Edimbourg, et une Vue de Paris. Quatorze pièces.

458 Vues d'Angleterre, de France, d'Allemagne, d'Espagne, d'Italie, etc., Eglises, etc., par des dessinateurs et graveurs anglais. Soixante-dix-sept pièces. Trois lots.

459 Marines, Vues diverses, par Prout, Vestal et Harding. Dix-neuf pièces.

460 Caricature sur la république, en 1798. Salle de vente publique à Londres, en 1813, etc. Quatre pièces, plus une vue de Gibraltar avec les nouveaux ouvrages faits depuis le dernier siège.

461 Diverses manières de se faire la barbe. Deux pièces coloriées.

VIGNETTES

462 **Corbould**. Trente vignettes pour divers romans et poésies.

463 **Smirkes**. Vignettes pour Don Quichotte Épreuve avant la lettre et sur papier de Chine.

463 bis. — Vignettes pour Gilblas. Dix-sept pièces, plusieurs avant la lettre et sur papier de Chine.

464 Lala Rooke, poëme. Sept vignettes in-fol., avant la lettre, papier de Chine.

465 Rasselas, poëme de Johnson. Cinq estampes, gravées par Raimbach.

10.50   466 **Stothard**. Suite de vingt et une vignettes, pour les Aventures de Robinson Crusoé. Épreuves tirées in fol. sur papier de Chine, avant la lettre. Au prix de 4 livres sterling.

1.50   467 **Vestall** (Richard). Paul et Virginie. Cinq pièces. — Le Minstrel, de James Beattie. Six pièces. — Méditations, d'Hervey. Quatre pièces. En tout quinze pièces.

1   468 Poems by the late William Cooper. Douze vignettes, d'après R. Westall Deux cahiers.

7   469 Illustration of Ivanhoe, gravé par Ch. Heath. Sept vignettes d'après Westall, papier de Chine.

470 Lord of the isles, d'après Westall. Suite de sept vignettes. Rare.

471 The lady Dame of the Lac, d'après R. Westall. Sept vignettes. Rare.

472 The Monastery, par Charles Heath, d'après R. Westall. Sept pièces.

473 Lay of the last Minstrel, d'après R. Westall. Sept pièces.

Cette suite et les quatre qui précèdent pour les romans de Walter-Scott.

2   474 Quarante-trois vignettes, pour divers ouvrages de poésies, romans, etc. Epreuves avant la lettre, papier de Chine.

1.75   475 Cinquante-trois vignettes pour divers ouvrages.

1.75   476 Soixante vignettes diverses.

3.50   477 Cinquante-sept vignettes, pour le Théâtre Anglais et le Spectateur.

3.   478 Vingt-huit vignettes, pour le Théâtre de Shakespeare.

6.50   479 Quarante-trois vignettes et fleurons, pour les poëmes et romans publiés par Walker et Sotteby. Epreuves avant la lettre et sur papier de Chine.

480 Quarante-quatre vignettes, d'après des artistes anglais de l'école moderne. Epreuves sur papier de
Chine. Deux lots.

481 Cinquante-six vignettes pour divers ouvrages anglais.

482 Cent cinquante vignettes in-8º, pour les poëmes
anglais.

TROISIÈME PARTIE.

Estampes des Écoles Flamandes et Hollandaise.

483 **Almeloven** (Jean). Vues du Rhin. Six pièces à
l'eau-forte.

484 **Aken** (Jean Van). Vues du Rhin, Nicolas Wisscher exc. Quatre pièces à l'eau-forte.

485 **Anonyme.** Une Cantine où sont arrêtés des cavaliers. Pièce à l'eau-forte dans le goût de Maas.
Très-rare.

486 **Avont** (Pierre Van). La Madeleine, gravé par
Hollar.

487 **Berghem** (Nicolas). Le Flûteur, les Vaches et
les Anes. Quatre pièces à l'eau-forte.

488 — Quinze pièces gravées par Jean Wisscher.

489 — Scènes champêtres. Quatre pièces, par J. Wisscher et Danckerts.

490 — Sept pièces, gravées par Aliamet, Lebas, etc.

491 — Paysages et animaux. Dix-sept pièces par divers graveurs.

492 **Bloemaert** (Corneille). Meléagre et Atalante, d'après Rubens. Belle épreuve.

493 — Seize pièces, d'après A. Bloemaert.

494 — La Résurrection, d'ap P. Véronèse.

495 **Bloteling** (Abraham). Amiral Aaert van Hes, d'ap. L. de Jonh. Superbe épreuve.

496 — Cornelisz de With, vice-amiral, d'ap. N. Sorch. Belle épreuve.

497 — Six portraits de personnages hollandais, dont Gravesende, médecin ; Speelman, amiral, etc.

498 **Bol** (Hans). Paysages avec épisode de l'Ancien et du Nouveau Testament avec bordure de poissons, oiseaux et fleurs. Dix-neuf pièces.

499 — Vues des villes de Burgo, Tolède, Louvain, Malines, Mons, etc.

500 **Bolswert** (Boece à). La Résurrection de Lazare. Très-belle épreuve d'une pièce capitale du maître.

501 **Bolswert** (Schelte à). La Vierge à l'oiseau. Belle épreuve. *Gillis Henderick ex.*

502 — La Pêche Miraculeuse, d'après Rubens. Belle épreuve.

503 — Repas de famille, d'après Jordaens. Belle épreuve.

504 — Marche de Silène, d'après Rubens.

505 — Jésus et les Apôtres. Seize pièces d'après G. Seghers, une est double.

506 — Jésus au jardin des Oliviers, la Vierge et l'Enfant Jésus, sainte Catherine, sainte Madeleine, Bernard de Montgaillard. Six pièces.

507 **Both** (Jean et André). Paysages et les Cinq sens. Treize pièces à l'eau-forte.

508 **Bruyn** (Abraham et Nicolas de). Douze pièces, plus une pièce par G. Avibus.

509 **Bry** (Théodore de). Hommes de guerre, fontaine de Jouvence d'après Hans Sebald Beham, armoirie, frises, dés, manches de couteaux, etc. Vingt-deux pièces.

510 **Bye** (Marc de). Suite d'animaux, vaches, lions, ours, tigres, chasses, etc. Cinquante pièces à l'eau-forte. Très-belles épreuves.

511 **Cabel** (Adrien van der). Paysages et marines. Trente-trois pièces.

512 **Dalen** (Corneille van). La Vierge et l'Enfant Jésus, Vénus et l'Amour d'après Flinck; Festus, Hommius et Esaïe Dupré, théologiens. Quatre pièces. Belles épreuves.

513 — Mort d'Henri, prince d'Orange, d'après Van der Venne. Belle épreuve.

514 **Delff** (William). Les Nassau, H. Grotius, etc. Six portraits d'après Mirevelt.

515 **Diepenbeck** (Abraham). La Cène, gravé par Michel Natalis. Belle épreuve avec l'adresse de M. V. Eden.

516 **Dujardin** (Karle). Animaux. Vingt-neuf pièces à l'eau-forte anciennes épreuves, le titre double avec l'adresse de G. Walk et P. Schenck exc. et cette adresse effacée.

517 **Du Sart** (Corneille). Le Charlatan, le Cordonnier, l'Étoile des rois et les Mois de l'année. Dix-sept pièces gravées à l'eau-forte et à la manière noire, par Du Sart, et deux d'après, par Gole.

517 *bis.* — Le Violon assis. Ancienne épreuve.

518 **Dyck** (Ant. van). Le cardinal de Bentivolio, gravé par Morin.

7.50 519 — François de Montcada, gravé par R. Morghen.
Daulos   Épreuve avant les tailles sur la cuirasse.

4.50 520 — La famille de Ph. Pembroke, gravé par Baron
Daulos   en 1740.

10.50 521 — Thomas Warton et comte de Danby. Deux
    portraits en pied gravés en manière noire par V.
Daulos   Green.

4   522 — Cardinal Bentivoglio, par Pucchianti, et Van
der Borcht, par Vermeulen. Deux portraits en
pied.

4.25 523 — Lady Soutampthon, gravé en manière noire
par Mac-Ardell.

1.50 524 — Lady Philadelphie Wharton, gravé en manière
Daulos   noire par Dunkarton.

15.50 525 — Charles Ier et lord et lady anglaises représentés
    en pied et gravés par P.-V. Gunst. Suite de neuf
Daulos   pièces rares.

1.50 526 — Le comte Aremberg, gravé par P. Baillue.
Belle épreuve.

4.25 527 — Frédéric Henri, prince de Nassau, gravé par
Daulos   Pontius.

5 Daulos 528 — La famille Gerbier, par W. Walker.

529 — Sainte Rosalie, Christ mort, Charles Ier. Por-
3.50   traits de Rubens et Van Dyck. Cinq pièces.

1.50 530 — Deux portraits dont celui du président Richar-
dot, gravés par Massard et Mongeot. Épreuves
avant la lettre.

4   531 — Vierge et Enfant Jésus, Couronnement d'épines,
Mars et Vénus, Charles V, etc. Six pièces par
Bolswert, Galle, J. Meyssens, etc.

20
Rochoux   532 **Everdingen** (Albert van). Paysages de style
agreste gravés à l'eau-forte. Soixante-quinze pièces, plus neuf pièces pour la fable de Reinier, le
Renard.

533 **Genoels** (Abraham). Paysages. Sept pièces.

534 **Gheyn** (J. de). Le Lion, J. N. Visscher exc. Rare.

535 **Goltzius** 1592. La Galatée, d'après Raphaël. *N. Visscher exc.* Belle épreuve.

536 — Adoration des rois et Adoration des bergers. Deux pièces nos 3 et 5 de la suite des chefs-d'œuvre.

537 — Guillaume de Nassau et Caroline de Bourbon. Deux jolis portraits.

538 — Plantin, Zurenus, J. Duym de Louvain, Charles Clusis, etc. Quinze portraits par Goltzius, de Gheyn et Matham.

539 — Les Planètes (manque le nº 1). Saint Jérôme d'après Palme, copie du Chien de Goltzius, le Jugement dernier, etc. Vingt-deux pièces dont plusieurs par Saeredam et Th. Matham.

540 **Gunst** (P.). Élisabeth d'Yorck, Marie, reine d'Angleterre, duc d'Alençon, Édouard Seymour, Philippe II, Charles-Quint, Alexandre Farnèse, duc d'Albe, etc. Onze portraits d'après Van der Weff. Belles épreuves.

541 — Prince Eugène de Savoie, Bucer, Martyz, Frédéric de Spaheim, etc. Neuf portraits. Belles épreuves.

542 **Herskerke.** Sujets de l'Ancien et du Nouveau Testament, les Planètes, sujets d'histoire, etc. Quarante-cinq pièces par d'anciens graveurs flamands. Belles épreuves.

543 **Heyden** (Joannes ab). Portrait du prince Radziville, duc de Lithuanie.

344 **Hoeck** (Jean van). Sainte Famille. Gravé par Pontius.

545 **Hogde** (Romain de). Plan de Namur, bataille de Hochstett, Charles II, forteresse de Montmélian, etc. Sept pièces.

546 **Houbraken** (J.). Portraits de bourgmestre, ministre protestant, etc. Vingt-quatre portraits. Belles épreuves, plusieurs avant la lettre.

547 — Duc de Brunswick, princesse de Nassau, amiraux, etc. Cinq portraits. Belles épreuves.

548 **Huchtembourg** (Jean van). Batailles et marche d'armée, d'après Van der Meulen. Six pièces.

549 **Jegher** (Christophe). La Sainte Famille. *Rubens del. et excudit.* Belle pièce gravée en camaïeu de trois planches.

550 **Jode** (Pierre de). La Visitation de la Vierge à sainte Anne, d'après Rubens.

551 **Jordaens** (Jacques). Le Roi boit, gravé par Pontius. Épreuve avant le numéro. La Récréation de la table, par Moitte fils.

552 — Martyre de sainte Appoline. Belle épreuve avec *cum priuilegio* et sans l'adresse de Bloteling.

554 — Le dieu Pan, Mercure et Battus, le Satyre chez le paysan. Trois pièces par Bolswert et J. Neefs.

555 **Lauwers** (Conr.). L'Ange et le prophète Élie, d'après Rubens. Belle épreuve.

556 **Livens** (Jean). Ephraïm Bonus Medicus Hebræus (56). Belle épreuve sans adresse.—J. Gouter (59). Buste oriental, buste de vieillard (24). Quatre pièces.

557 **Lucas de Leyde**. La Petite laitière (158). Belle épreuve doublée et restaurée.

558 — L'Annonciation (35), Baptême de saint Jean (40), Couronnement d'épines (68, 69 et 73), la Sainte face (105), saint Antoine (116). Sept pièces.

559 — La Fuite de Caïn (11), Esther et Assuérus (31),
Histoire de Joseph (19 et copie 22 et 23), Tête de
guerrier et la copie (160), Enfants, Guerrier et la
copie (165), les Gueux (143), Génies (170), Musiciens (155), 1 Opération (156), Vierge, copie du
(84). Quinze pièces.

560 — Saint Joachim et sainte Anne (34), Jésus devant Pilate (46), Couronnement d'épines (68), les
Apôtres, suite de quatorze pièces (86 à 99, manque
le n° 99), Vierge au croissant. Dix-huit pièces.

561 — Baptême de saint Jean (40).

562 — Caïn et Abel (13), les Musiciens (155), Vénus
et l'Amour (138), Un drapeau (140), la Dame au
bois (146), Hérode, pièce en bois (12), saint Jean
d'après Lucas de Leyde. Sept pièces.

563 — Samson et Dalila (25), *Ecce Homo* (71), Calvaire (74). Trois pièces.

564 — Jésus en jardinier et la Madeleine (77), les
Quatre évangélistes (100 à 103), saint Pierre et
saint Paul (106), copie du n° 34. Sept pièces.

565 — Joachim et sainte Anne (34), Couronnement
d'épines (69), la Vierge sur un croissant (81), copie, saint Marc (100), saint Sébastien (115), la
Cène (43), copie par Muller. Six pièces.

566 **Lutma**. Vondel, Tacite. Deux pièces gravées au
maillet. Belles épreuves.

567 **Marinus**. Martyre de sainte Appoline, d'après
Jordaens. Belle épreuve sans le *cum priuilegio* ni
aucune adresse.

568 — Saint François Xavier et saint Ignace de Loyola.
Deux pièces d'après Rubens. Belles épreuves.

569 **Metzu**. Le Marché aux herbes d'Amsterdam,
gravé par David, 1778.

570 **Miele** (Jean) *fecit et inventor*. Trois batailles gravées à l'eau-forte pour les guerres de Belgique, de Strada (n^{cs}   ). Très-belles épreuves. Rares.

571 **Neefs**. Saint Thomas, martyr et apôtre, d'après Rubens. Très-belle épreuve.

572 **Nolpe** (Pierre). L'Hiver, d'après Pierre Potter. Belle épreuve.

573 **Ostade** (Adrien van). Sujets familiers. Dix-huit pièces à l'eau-forte, plus deux par Bega.

573 *bis.* — Huit pièces d'après Ostade par C. Visscher, Suyderoëff, etc.

574 **Pass** (Crispin de). Élisabeth de Lorraine, princes de Nassau, de Caverel, Ernest de Mansveld, Otho, Heurnius, médecin, etc. Douze portraits. Belles épreuves.

575 **Ploos van Amstel**, 1670. Le Chansonnier, fac-simile d'après Ostade. Rare.

576 **Pontius** (Paul). Henri, comte de Van den Berghe, d'après Van Dyck. Très-belle épreuve avec l'adresse de A. *bon Enfant excu.*

577 — La Pentecôte, d'après Rubens. Très-belle épreuve.

578 — Saint Roch guérissant les pestiférés, d'après Rubens. Belle épreuve.

579 — Thomiris, d'après Rubens. Très-belle épreuve, mais en mauvais état; une autre épreuve avec l'adresse de *Gasp. Hubert excudit.*

580 — Philippe IV et Elisabeth de Bourbon. Deux beaux portraits d'après Rubens.

581 — Jésus portant sa croix, Christ en croix. Deux pièces d'après Rubens. Belles épreuves.

582 — Jean-Antoine Philippe, général des carmélites. — Fortuné Plempio, professeur à Louvain. Deux portraits.

583 **Potter** (Paul). Huit pièces. Chevaux par et d'après ce maître.

584 **Rembrandt** (Paul). Portrait de Rembrandt dessinant (22), Rembrandt l'écharpe au cou (17), Tête de vieillard (294), etc. Cinq pièces.

585 **Rembrandt**. La mort de la Vierge (99). Superbe épreuve.

585 *bis* — La même, la Résurection de Lazare (73). Deux pièces par Rembrandt, plus le saint Jérôme à genoux par van Uliet.

586 — Rembrandt (17), Jeu du kolf (125), Abreuvoir à la vache (237), deux autres portraits d'hommes et une copie. Six pièces.

587 — Têtes de vieillards, Jeune homme, Tête de femme. Six pièces à l'eau-forte par Rembrandt.

588 — Le Baptême de l'eunuque (98), David priant Dieu (41), Jésus au milieu des docteurs (66), l'Abreuvóir à la vache (237).

589 — Saint Jérôme (102), Faiseuse de kouck (124), Chasse (117), Gueux (163, 165), Homme qui pisse (190). Six pièces.

590 — Abraham et les anges (29), la Vierge et l'Enfant-Jésus sur des nuages (61), Circoncision (51), Jésus au jardin des Oliviers (75). Quatre pièces. Académie (194).

591 **Rembrandt** (d'après). Portrait de Rembrandt, celui d'un amiral et Vertumne et Pomone. Trois pièces.

592 — Utemborgaerd, dit le peseur d'or (281), copie très trompeuse par James Hazard.

593 — La vie de Joseph, suite de dix pièces d'après les dessins de Rembrandt au musée du Louvre, par le comte de Caylus.

594 — Sept pièces gravées par Hard, Walker, d'après Rembrandt, etc., dont Tobie et l'Ange. Épreuves avant la lettre.

595 — Copies d'estampes de Rembrandt, Résurrection de Lazare, le Petit et le Grand Copenol, saint Jérôme, etc. Huit pièces.

596 — *École de Rembrandt.* Fuite en Égypte, Tête de vieillard et une tête orientale, par Konig. Quatre pièces.

597 — Vingt-sept pièces d'après ce maître, par divers graveurs.

598 **Rogman** (Gertrude). Paysage à l'eau-forte. Trois pièces et quatorze d'après Rolelant Rogman, par N. Visscher.

599 **Rubens** (Paul). Son portrait gravé d'après lui, par Pontius et Savry, etc. Trois pièces.

600 — Sainte Cécile, saint Sébastien, etc. Neuf pièces gravées à l'eau-forte, par G. Panneels. Rare.

601 — Vierge et Enfant Jésus. *Erasm. Quellinus excudit.* Belle épreuve.

602 — Adoration des bergers, Adoration des rois, la Famille de Rubens, Saint Bavon, Chute des anges rebelles, etc. Sept pièces, par Vorsterman, Pilsen, Schmuzer, etc.

603 — Couronnement d'un évêque, un Plafond et la Mort de Sénèque. Trois pièces gravées par Soutman, Vorsterman et C. Galle.

604 — Adoration des rois, les Disciples d'Emaüs, les Pères de l'Eglise. Trois pièces, par Witdouc, P. van Sompelen et C. Galle. Belles épreuves.

605 — Les Docteurs de l'Eglise, par Bolswert, et trois pièces par Ragot, d'après Rubens.

606 — Éducation de la Vierge, Mariage de la Vierge et Sainte Famille. Trois pièces, par Bolswert.

607 — Chasse au lion au loup, aux ours. Trois pièces gravées par Bolswert et W. de Lieuw.

608 — Le Fils de Rubens, la Femme de Rubens, Christ mort, etc. Douze pièces, par divers graveurs.

609 — Seize pièces, d'après les tableaux de la galerie d'Orléans.

610 — Paysages, par Bolswert, Major, etc. Tigres, par Walker. Cinq pièces.

611 — Paysages. Suite de vingt pièces gravées par Bolswert.

612 — Marche de Silène. Gravé par M. de Launay.

613 — *The Wagoner* (le Chariot). Gravé par John Browne. Belle épreuve.

613 *bis.* — Jésus et la Magdeleine. Gravé par R. Earlom. Belle épreuve.

614 **Ruisdaël** (Jacques). Le Grand chêne et le Petit pont. Deux pièces à l'eau-forte.

615 **Sachtleven** (Corneille). Scène flamande, par Marinus

616 **Sadeler** (Jean-Raphaël et Egide) les). Charles de Longueval, Ferdinand, comte Palatin, L'Esclavone, Henry, comte de Scharzemberg, etc. Quatorze portraits. Belles épreuves.

617 — L'Empereur Mathias, Salle de Prague, etc. Quatre pièces, d'après Th. Bernard et autres.

618 — Douze pièces, d'après Th. Bernard, Bussan, etc.

619 **Sacredam**. *Emblema Hodierni...* Pièce historique sur la Belgique.

620 — Annonce au berger. D'après Bloemaert.

621 **Seghers** (Gérard). L'Annonciation et la Fuite en Egypte. Deux pièces, par Bolswert.

622 — Saint François et sainte Thérèse adorant l'enfant Jésus. Reniement de saint Pierre et un litre livre. Trois pièces, par Pierre de Jode et autres. Très-belles épreuves.

623 **Suyderhoeff** (J.). Les Quatre bourgmestres, d'après Keiser. Ancienne épreuve. Fr. Herman. Deux pièces.

624 — La Paix de Munster, d'après G. Terbury. Belle épreuve.

625 — Jean de Moff, Tabagie d'après Brauwer, Rudolphe Heggerus. Trois pièces. Belles épreuves.

626 — Les Tigres. Belles épreuves d'une pièce rare, d'après P. de Laer.

627 — Le Jugement dernier, d'après Rubens. Grande estampe de deux feuilles.

628 — Chasse au lion, d'après Rubens. Très-belle épreuve.

629 — G. de Nassau, les Bourgmestres et Martin Tromp. Trois pièces.

— Tabagie hollandaise, d'après A. V. Ostade. Très-belle épreuve.

630 — Les Clefs de saint Pierre, d'après Raphaël.

631 **Steen** (Jean). L'École de village. Gravé en manière noire, par Val. Green.

632 **Stoop** (Thierry). Divers chevaux. Dix pièces à l'eau-forte.

633 **Stradan** (Jean). Sujets de l'Ancien et du Nouveau Testament, gravés par d'anciens graveurs flamands, Sadeler et autres.

634 **Suanewelt** (Herman). Paysages à l'eau-forte. Vingt-quatre pièces, et trois d'après lui.

635 **Tanjé** (Pierre) Guillaume II, prince d'Orange, C. van OEveren, Maurice, gouverneur de Surinam, etc. Huit portraits. Belles épreuves.

636 **Velde** (Adrien van). Divers animaux, suite de dix pièces.

636 *bis.* — Cinq pièces doubles de la suite ci-dessus et deux copies.

637 **Velde** (d'après Adrien van den). *A Brisk Gale* (nº 21 du Recueil de Boydell). *A moderate Gale* (21). Deux pièces, par Canot. — **2**

638 **Van den Velde** (Isaïe). Paysages à l'eau-forte. Cinquante-cinq pièces. — **3.50**

639 **Venne** (N. de). Proverbes Dix pièces. — **2 Cl.**

640 **Viegler** (Simon de). L'Auberge (8), et Animaux, nᵒˢ 14, 15 et 20. Quatre pièces rares. — **6 Cl.**

641 **Wierix** (les). Sujets pieux. Seize pièces. — **1 Rochoux**

641 *bis.* — Chronologie d'empereurs et princes d'Allemagne. Pièce gravée par Antoine Wierix. — **1**

642 — Hélène de Bourbon, Marguerite, femme de Philippe III, Guillaume, prince de Nassau. Cinq portraits, par Jean Wierix.
— Philippe, prince d'Orange; Emmanuel, duc de Mercœur. Trois portraits, par Jérôme et Antoine Wierix. — **20 Rochoux**

643 — P. Bernardinus Realinus, de la société de Jésus. Belle épreuve d'un petit portrait rare.
— Jones Berchmans Belga. *Anton. Wierix.* — **1**

644 — Petits sujets pieux. Quatorze pièces. Belles épreuves. — **3.25 Rochoux**

644 *bis.* — Un Tableau des trois cent soixante-cinq saints et saintes pour le calendrier. Rare.

645 **Visscher** (Corneille). Gelius Bourma, ministre de l'Evangile. Très-belle épreuve avant que l'année 1656 ait été effacée, d'une pièce capitale du maître. Rare. — **13 Cl.**

646 — La Fricasseuse, les Violonneurs, les Bandits, le Four à chaux, etc. — **3.25 Daulos**

647 — Attaque de brigands, épreuve avant la lettre; le Four à chaux, d'après P. Laer; la Bohémienne. Trois pièces.

648. — Vierge et Enfant Jésus, d'après le Titien. Épreuve avant la lettre. Rare.

648 *bis*. — Christ mort, d'après le Tintoret. Épreuve avant la lettre, du cabinet de Rheinst.

649 — Le Joueur de violon, d'après Brauwer ; le Grand chat, la copie du petit, etc. Quatre pièces.

650 — Trois pièces, d'après P. de Laer et Berghem.

651 — Ascension de Notre-Seigneur. Épreuve avant la lettre, du cabinet Rheinst.

652 — Jacob Westerbaen. Très-joli petit portrait finement gravé. Il est rare.

653 — Le même portrait rogné. Robert Junius. Deux pièces.

654 — Vondel. Deux épreuves, une avant toute adresse. Deux pièces

655 — Paysages d'après Van Goyen. Dix pièces.

656 — Saint François de Sales, par Lambert Visscher, d'après C. Maratte, et Thadé Lantman, d'après J. de Bane, par Jean Visscher. Deux pièces.

657 **Vliet** (Van). Baptême de l'eunuque, d'après Rembrandt.

658 **Vos** (Martin de). Sujets de l'Ancien et du Nouveau-Testament. Trente-six pièces gravées par les Sadeler, Ph. et C. Galles, etc.

659 **Vorsterman** (Lucas). La Descente de Croix. Belle épreuve avant l'adresse d'Huberti. Mal conservée.

660 — Jésus-Christ mis au tombeau. Jolie petite estampe, d'après Raphaël.

661 — Urbain VIII, pape ; Contareno, orateur vénitien ; Portrait d'après Holbein, et Vierge et Enfant Jésus, d'après Michel-Ange du Caravage. Quatre pièces.

662 — Paul Bernard , comte de Fontaine. Belle épreuve. *4.50 Cl.*

663 — Claude Maugis, abbé de Saint-Ambroise, curieux d'estampes, d'après Champagne. Belle épreuve

664 **Waterloo** (Antoine). Paysage à l'eau-forte. Cinquante-six pièces. Plusieurs anciennes épreuves. *5*

665 **Zeeman**. Vues et marines. Trente-six pièces à l'eau-forte. *1.75*

666 **Peintres flamands et hollandais.** Ruisdaël, Van den Velde, Van der Neer, Van Orley, Sckalken, etc. Vingt-huit pièces in-4°. *8*

667 — Utembrouck, trois pièces ; Savry, deux costumes ; Jean Van den Velde, trois pièces. Huit pièces. *9*

668 — D'après Gérard Dow, Schalken, Tilborg, Mieris, Netcher, Van Tol, Brauwer, etc. Quinze pièces in-fol.

668 *bis*. — La Femme de Mieris et la Joueuse de guitare, d'après les tableaux de Mieris du musée de Munich. *9.50*

669 — Paysages à l'eau-forte, par Ruisdaël ; Van Aken, Jean Fyt, etc. Six pièces. *2.50*

670 — Chevaux. Quatre pièces à l'eau-forte, par P. de Laer et Van Hecke.

671 — Treize pièces, d'après Teniers, Ruisdaël, Tilborg, Isaac Ostade, etc.

672 — Treize pièces. Ruisdaël, Cuyp, Van der Neer, etc. *6.50*

673 — Le Chasseur endormi, d'après Metzu (1) ; Promenade du prince d'Orange, d'après Van den Velde ; la Fraîche matinée, d'après K. Dujardin ; Repas de la garde civique, d'après Van der Helst, et les Chevaux, d'après Paul Potter. Cinq pièces. *4.*

(1) Ce beau Tableau a été payé par M. le Marquis d'Harfort au prix de 13,830 écus romains à la vente de la galerie du Cardinal Fesch en 1845. Il avait été précédemment acquis par Le Rouge, marchand de Tableaux, à la vente Helsleuter en 1802 au prix de 12,000 fr.

674 — Paysages et sujets, d'après F. Bol, Dujardin, Moucheron, Th. Wick, Ostade, P. Brill, etc. Gravés pour le Musée français. Quatorze pièces, dix avant la lettre.

674 *bis*. — Divers sujets, d'après Bega, Berkeyden, Peter Neefs, Ruysdaël, Suanewelt, Steenwick, Van den Velde, G. Dow, Van Dyck, Lucas de Leyde, Metzu, Van Ostade, Terburg, Rubens. Vingt pièces, d'après les tableaux de la galerie de Florence. Épreuves avant la lettre papier de Chine.

675 — Porbus, Champagne, Jordaens, G. Hondhorst, Lucas de Leyde, Martin de Vos, Mieris, Muller, Rubens, Subtermans. Onze portraits de peintres à la galerie de Florence. Épreuves avant la lettre papier de Chine.

675 *bis*. — Dix-huit pièces, d'après Brauwer, Teniers, et divers portraits, dont ceux de Louis XIII et Gaston d'Orléans.

676 — Paysage, Marche militaire, etc. Trois pièces, d'après Van der Meulen, par Baudouin et Huchtembourg.

677 — Breughel de Velours, Poelemburg, Zorgue, Van Goyen, Van den Velde, Both, Bout, Moucheron, Michau, etc., etc. Quatorze pièces in-fol.

678 — Paysages, marines. Onze pièces, par Isaïe Van den Velde, Hondius, Nieubant, etc.

679 — Batailles pour l'ouvrage de Strada, Bataille près Nuremberg, Généalogie des comtes de la Marche, Vues d'Amsterdam et d'Anvers; Ambroise Spinola, Famille des Nassau, Victoire navale de l'amiral Tromp, etc. Dix-neuf pièces.

680 — Paysages, marines, vues diverses, etc. Quarante-deux pièces.

681 — Tableaux flamands et hollandais , ayant fait partie des cabinets Choiseuil, Poulain, etc. Soixante-quatorze pièces. Belles épreuves.

On a ajouté à chacune de ces estampes le prix qu'ont été vendus les Tableaux à la vente de ces divers Cabinets.

682 — Tableaux flamands et hollandais de la galerie de Le Brun. Vingt-neuf pièces in-4°, plusieurs avant la lettre.

683 **Graveurs flamands.** Trente-cinq portraits. Divers personnages flamands et hollandais de tous états.

684 — Georges III, duc de Saxe ; Vincent Boyer, seigneur d'Aguilles; Duc de Noailles. Huit portraits, par Schenck, Gole, G. Valck et Coelmans.

685 — Léopold, archiduc, Jean et Frédéric, comtes palatins du Rhin; Albert et Isabelle d'Autriche, etc. Treize portraits gravés par G. Granthome, Suanembourg, Lommelus, C. Galle et Collaert.

686 — Princes de Nassau, Jacob Cats et autres ; Amiraux, Médecins, Théologiens, etc. Vingt portraits.

687 — Erasme, Scaliger, Arnold Vinius, Adrien Junius, la Femme adultère, Saint Sébastien. Treize pièces, par divers graveurs.

688 — Entrée de Ferdinand d'Autriche dans Anvers ; Mariage du prince de Nassau, 1760. Deux pièces.

689 **Graveurs flamands des XVIe et XVIIe siècles.** Vingt-un portraits de savants, théologiens, etc.

690 **Graveurs flamands** aux XVIIe et XVIIIe siècles. Portraits de personnages flamands, hollandais et espagnols. Vingt-six pièces in-8°.

DESSINS

ÉCOLE FLAMANDE ET HOLLANDAISE

2 *Cl.* 691 — Trois dessins lavés au bistre, par Rembrandt.

10 *Cl.* 692 — Sujets de l'Ancien Testament. Quinze dessins lavés à l'encre de Chine, par Luycken

2 693 — Vues en Flandres avec figures. Deux dessins à la plume, par Jean Breughel de Velours.

2.75 694 — Paysages et animaux. Cinq dessins, par Van Blomen, Fyt, Champagne, etc.

10 *Cl.* 695 — Paysages et marines. Six dessins, par Cuyp, Van den Velde, Viegler, etc.

14.50 696 — Etude d'arbres, Paysages. Quatre dessins, par Ruisdaël, Rosa, Weirotter, etc. Lavé à l'encre de Chine, au bistre, etc.

5 *Cl.* 697 — Paysages, par Brill, Foulquière, Asselyn, etc. Six dessins.

12. 698 — Marines. Quatre dessins par Van den Velde, Jean de Bischof et autres.

12 *Cl.* 699 — Paysages et Animaux. Huit dessins par Molyn, Van Romain et autres.

4.50 700 — Sujets de la Fable. Six dessins, par Schultz.

8. *Cl.* 701 — Sujet et Paysages, par Jean et André Both Trois dessins.

9 *Cl.* 702 — Paysage avec figures, par Baut ; Halte de cavaliers, par J. Miel.

4.50 703 — La Vierge et l Enfant Jésus, dessin par G. Hoet, et un sujet flamand. Deux dessins au crayon.

2.50 704 — Sujets de la vie de sainte Thérèse. Trois dessins, par Diepenbeck.

2.50 *Cl.* 705 — Halte de voyageurs. Dessin lavé à l'encre de Chine, par Verschuring.

3 *Cl.* 706 — Soldat russe au port d'armes. Dessin à l'aquarelle.

13.50 707 — Onze dessins divers.

7. 708 — Les articles omis.

RENOU et MAULDE, imprimeurs de la Compagnie des Commis.-Priseurs, rue de Rivoli.

9 782013 461337